非物

[德] Byung-Chul Han 韩炳哲 著

谢晓川 译

UNDINGE

生活世界的变革

Umbrüche der Lebenswelt

东方出版中心

目录

Undinge: Umbrüche der Lebenswelt

从物
到非物

物构成了大地的秩序、地球的秩序；这些物具有绵延的形式，为居住构建出安定的环境。这样的物是汉娜·阿伦特（Hannah Arendt）所说的"世界之物"，它们具有"安定人类生活"的使命。[1] 它们支撑着人类的生活。数字化秩序在今天接替了大地的秩序。数字化秩序让世界变得信息化 [2]，由此它祛除了世界的*物化*。媒体理论家维兰·傅拉瑟（Vilém Flusser）在十多年前就已经指出："在当下，非物全方位地涌入我们的周遭世界，它们正驱除着物。人们

7

---

[1]　Hannah Arendt, *Vita activa oder Vom tätigen Leben*, München 1981, S. 125.

[2]　［译注］德语原文中表示强调的斜体字，中文中用楷体来代替。

称这些非物为信息。"[3] 我们今天正处在从物时代向非物时代的过渡。并非物，而是信息在规定着生活世界。我们不再安居于大地和天空，而是居住在谷歌地球和数字云之中。很明显，世界变得难以把捉，变得缥缈，变得幽灵化了。没有任何东西具有朴实牢靠的手感。

只有在物赋予人类生活连续性时，物才能安定人类的生活。"这种连续性的来源是：同一张椅子和桌子，以一成不变的熟悉方式来面对每天都在发生改变的人。"[4] 物是生活的栖息地。今天这些栖息地已经完全被信息霸占了。信息是与生活的栖息地全然不同的东西。人们不可能停留在信息中。信息的当下时差非常短小。它们以意外而来的刺激为生。基于信息的流动性，它们让生活变得不稳定。在今天，信息始终需要我们的注意力。信息的海啸让认知系统变得不安。信息缺乏存在的确定性。尼克拉斯·卢曼（Niklas Luhmann）认为信息具有如下特征："信息的宇宙论不是存在的宇宙论，而是偶然事件的宇

---

[3] Vilém Flusser, *Dinge und Undinge Phänomenologische Skizzen*, München 1993, S. 81.

[4] Arendt, *Vita activa oder Vom tätigen Leben*, a. a. O., S. 125.

宙论。"[5]

物在今天越来越不受注意力的待见。[6] 物在当下的超膨胀导致了物的爆炸性增长，这种超膨胀恰好预示了人们对物日益增长的冷漠。我们不再迷恋物，而是迷恋信息和数据。与物相比，我们在此生产和消费了更多信息。我们极其沉迷于交流。力比多能量抛弃了物而占据了非物。后果就是"对信息的狂热"（Infomanie）。身处其中的我们都是"信息的常人"（Infoman）。对物的拜物教已经结束了。我们变成了对信息和数据的拜物教。在此人们甚至可以说，有一种"数据的性欲"（Datasexuals）。

工业革命深化并拓展了物的领域。工业革命只是让我们远离了自然和手工劳作。只有数字化才终结了

9

---

[5] Niklas Luhmann, Entscheidungen in der »Informationsgesellschaft«, https：//www.fen.ch/texte/gast_luh-mann_informationsgesellschaft. htm.

[6] 人们在文化科学中可以观察到对物与日俱增的兴趣。然而对物的理论兴趣并不意味着物在日常生活世界中变得越来越重要。专门将物提升为理论反思的对象，这恰好是物在消逝的标志。物的颂歌实际上是它们的告别曲。物被驱逐出了生活世界，它们在理论中寻找避难所。"物质文化"和"物质转向"也可以被理解为对那种由于数字化而产生的、现实的去质料化和去物化的反应。

物的范式。它让物臣服于信息。硬件是恭顺于软件的基础。对于信息来说，它们是次要的。硬件的微型化让它们变得越来越小。物的互联网让硬件变成了信息的终端设备。3D 打印机让作为存在的物贬值。物被降格为信息的物质衍生品。

在信息穿透了物的时候，从物当中产生了什么东西呢？世界的信息化从物当中制造出了"信息能动机"（Infomate），即加工处理信息的能动者。未来的汽车将不再是那种与权力和占有的幻象相联系的物，而是"移动的信息分配中心"，也就是一种与我们交流的"信息能动机"："汽车对您言说，'自动地'告知您有关它的一般状况和您本身的信息（如果您的工作状态不佳，它可能会拒绝启动工作），它给出建议并且做出决定，它是协商的对象，它和人们就'应当如何生活'的广泛内容进行协商。"[7]

海德格尔《存在与时间》中的此在分析需要鉴于世界的信息化来进行修正。海德格尔的"在世之

---

[7]   Jean Baudrillard, *Das Andere selbst. Habilitation*, Wien
       1994, S. 11.

在"出现在"频繁地"与物"打交道"的活动中，这些物要么是在手的，要么是上手的。手是海德格尔的此在分析中具有核心地位的东西。借助于手，海德格尔的"此在"（此在即对人的本体论称谓）开辟出自身的周遭世界。它的世界是物的领域。但我们今天处在信息的领域中。我们不是忙碌于被动地呈现在面前的物，而是与诸多信息能动机进行交流和互动，这些信息能动机本身作为能动者而给出动作和反应。在此，人不是"此在"，而是"信息的机体"（Inforg）[8]，这种机体进行交流活动并进行信息的交换。

在智能家居中，信息能动机悉心地照料着我们。它们为我们完成了每一项操劳活动。智能家居的居住者完全是无忧无虑的居住者。数字化秩序的目的正是要克服那种被海德格尔理解为人之生存本质特征的忧虑。此在就是忧虑。人工智能通过对生活进行优化并取消作为忧虑来源的未来——也就是说，克服未来的偶然，它在今天全面地去除了人之生存的忧虑。可测

10

---

[8] Luciano Floridi, *Die 4. Revolution. Wie die Infosphäre unser Leben verändert*, Berlin 2015, S. 129 ff.

度的未来不会给我们带来任何忧虑。

　　"历史""被抛状态"或者"实际性"这类海德格尔此在分析的范畴全都从属于大地的秩序。信息是加成性的，而非叙述性的。信息是可计数的，但不可叙述。作为非连续性单元，并且与当下仅有着短暂的时间间隔，信息无法组成一段历史。我们的记忆空间也越来越像一种存储器，里面填满了大量可以被装入的信息。加成与累积排斥铺陈叙述。历史和回忆的特点在于跨越长时间段的叙事连续性。只有铺陈叙述才奠定了意义和关联的基础。数字化的秩序，或者说，数值的秩序没有历史和回忆。这种秩序以此让生活变得碎片化。

　　作为优化着自身、重新发明自身的投射活动之结果（Projekt），人超越了"被抛状态"。海德格尔"实际性"观念在于：人之生存的根据是不可支配的东西。海德格尔的"存在"是不可支配的东西的另一个名称。"被抛状态"和"实际性"从属于大地的秩序。数字化秩序祛除了人之生存的实际性。数字化秩序不接受任何存在的根据。这种秩序的口号是：存在即信息。就此而言，存在是完全可以受人支配和控制的。海德格尔的物则与此相反，它体现了"物的制约"

（Be-Dingtheit）[9]，体现了人之生存的实际性。物是大地秩序的密码。

信息领域有着雅努斯头颅式的双面性。虽然它帮助我们获得了更多的自由，但是它同时让我们遭受日益严重的监视和控制。谷歌将未来的联网智能家居展现为"电子管弦乐团"（elektronisches Orchester）。智能家居的居住者是"乐团指挥"。[10] 但实际上，这

---

[9]　［译注］Bedingtheit 在德语中意为"条件、限制"，韩炳哲用连字符将前缀 be 和词项 Dingtheit 分开后，凸显出了德语的"条件、限制"本身包含着一种物性。

[10]　Eric Schmidt/Jared Cohen, *Die Vernetzungder Welt. Ein Blick in unsere Zukunft*，Hamburg 2013，S. 48 ff.："您的住所就是一个电子管弦乐团，而您就是乐团的指挥。用简单的手部动作和语音命令，您就能够控制房间温度、空气湿度、音乐和照明。您在透明的屏幕上浏览每日新闻，与此同时，您的自动化衣柜已经为您准备好了熨烫一新的西服套装，因为您的日程表上记录着今天有重要的预约。（……）您的中心电脑给出了一连串家务机器人今天应该完成的家务清单建议，而您同意了这些建议。（……）在您必须出门前，您还有一点时间——当然您会搭乘无人驾驶的汽车去工作。您的汽车知晓您的日程表并且知道您早上必须何时到达办公室；在它评估交通状况后，它会和您的腕表交流信息：距离您出发还有 60 分钟。（……）或许您在外出时还会带上一个苹果，您在汽车后座上吃着苹果，而您的汽车则搭载您去工作。"

种数字化乌托邦的作者们描述的是一间"智能牢房"。在智能家居中，我们不是自主的乐团指挥。毋宁说，我们受到各种不同的活动者，更确切地说，受到不可见的时段制定者们（Taktgeber）的指挥。我们让自己遭受全景式的目光。即便在睡眠中，有着多种感应元器的智能床具也在维持着监视。监视借由便利的形式越来越多地潜入日常生活。信息能动机减轻了我们的很多工作，它们证明自己是监视和控制我们的高效信息能动机。我们由此被囚禁在信息的领域中。

在被算法控制的世界中，人日益失去了他的行动力、他的自主性。他看到一个与自己相对立的、脱离了他的理解的世界。他遵从算法的决定，但是他无法理解这些决定。算法变成了黑箱。世界迷失在神经网络的深层层面中，而人无法进入这些层面。

单单只有信息，还没有让世界变得明亮。甚至信息还会让世界变得昏暗。从某一个特定的节点开始，信息不再提供信息（informativ），而是扭曲信息（deformativ）。人们早已逾越了这个关键的节点。快速增长的信息熵，即信息的混沌，让我们陷入后真相的（postfaktisch）社会。真与假的区别被消除了。从此，信息在一种超现实的空间中循环着，无需任何真实关联。假新闻也是信息，这些信息的影响可能要胜过事实。短期效应才是重要之事。效应取代了真相。

和海德格尔一样，汉娜·阿伦特坚守在大地的秩序上。因此她常常回想起支点与绵延（Halt und Dauer）。不仅仅是世界之物，而且包括真相，都安定着人的生活。与信息不同，真相具有存在的稳定性。绵延与持存是真相的特点。真相即实际性。它反对任何改变与操纵。由此它建构出人之生存的基础："人们或许可以用概念的方式来定义真相，定义为人们所不能改变的事物；用隐喻的方式来说，真相就是我们立足的地基和笼罩着我们的天空。"[11]

阿伦特以独特的方式让真相安住于大地和天空之间。真相从属于大地的秩序。真相赋予人的生活一个支点。数字化秩序结束了真相的时代，引入了后真相的信息社会。信息的后真相体制抛弃了事实

13

[11] Hannah Arendt, Wahrheit und Politik, in: dies., *Zwischen Vergangenheit und Zukunft Übungen im politischen Denken I*, München 2000, S. 327–370, hier: 370.

的真相。具有后真相效力的信息有着流逝之物的特性（dingflüchtig）。在任何东西都不具有牢固物性（dingfest）的地方，一切支点也就消失了。

今天的人们认为，长时间性的（zeitintensiv）实践活动消失了。真理也具有长时间性的特性。在一条信息紧接着一条信息的地方，我们没有留给真理的时间。在后真相时代的刺激文化中，主导交流活动的是感受和情绪。从时间属性来看，感受和情绪不同于理性，它们都是相当非持续性的。它们就是以此来祛除生活的安定。信任、承诺和责任也都是长时间性的实践活动。这些活动的延伸往往是超出当下而指向未来的。一切让人的生活得以安定的东西，都是长时间性的。忠诚、教养与守约同样是长时间性的实践活动。带来安定的时间建构（Zeit-Architekturen）——仪式也属于这种时间建构——之坍塌让生活变得不安定。想要安定生活，这就必然需要另一种时间策略（eine andere Zeitpolitik）。

14　　　停留也属于长时间性的实践活动。紧跟着信息的感觉则没有长远和悠缓的目光。信息让我们变得短视和急促。人们无法在信息中停留。那种在物中沉思式地停留、无目的地观看——这种观看或许是幸福的表达——都让位给了对信息的追踪。我们今天追赶着信息而无须获得知识。我们知道一切而无须认识一切。我们四处游历而无须获得经验。我们不间断地交流而无须加入一个共同体。我们保存了海量的数据而无须考察记忆。我们积攒了朋友和粉丝而无须遇见他者。信息就以这样的方式促成了一种无须持续和绵延的生活形式。

信息领域无疑具有一种解放的作用。与物的领域相比，它更有效率地将我们从劳动的辛劳中解放出来。人类文明可以被理解为将现实逐步精神化的过程。人将他的精神能力持续地传递给物，以便能让物作为人（an seiner Stelle）去劳动。主体性的精神因此转变成了客体性的精神。只有当物在自身中蕴含着一种作为精神原始形式的冲动时——这种冲动让物获得了自我行动（Selbsttätigkeit）的能力——作为机器的物才是文明的进步。在"精神哲学"中，黑格尔写道："但是工具自身尚未具有行动；它是惰性的物（……）——我还必须用它来劳动；我在我自己和外在的物性之间确立了一种诡计（die List）：保护我自己（……）而让物自尽其用（……）——但是我却获得了老茧（Schwielen）；让我变成物，这是必然

15

的环节；冲动自身的行动还不在物那里。应当将自身的行动也放到工具当中去；让工具成为自我行动的东西。"[12] 因为缺乏自我行动，工具是惰性的物，用工具来劳动的人让自己成为一种物，因为他的手获得了老茧。像物一样，他损耗着自己。虽然在自我行动的机器那里，手不再获得老茧，但是自我行动的机器并未完全将人从劳动中解放出来。正是机器才第一次形成了工厂和工人。

在文明随后的进步中，嵌入物当中的不仅仅是冲动，还有智能这种更高级的精神形式。人工智能将物转变为信息能动机。这里的"诡计"则是：人不仅

---

[12] Georg Wilhelm Friedrich Hegel, *Jenaer Systementwürfe III. Naturphilosophie und Philosophie des Geistes*, Hamburg 1987, S. 189 f. ［译注］这里的"精神哲学"指黑格尔耶拿哲学体系草稿中的"精神哲学"部分。经译者核对原书，韩炳哲在此的引文与原书有一处不同：韩炳哲引文中的 Schwielen（老茧），在原书中为 Schwülen（不安、焦躁）。原书以及《黑格尔全集》（历史考证版）的编辑者均未给出此处 Schwülen 的变文或异文说明，因此可排除因黑格尔笔迹问题导致歧义的情况。依据原书用词，韩引文的"但是我却获得了老茧"应该是"但是我却变得不安"。考虑到韩炳哲上下行文通过 Schwielen 来连接工具和手的论述，此处译文按韩炳哲自己的引文翻译，未做修改。

仅让物作为人来工作，而且要让物作为人来思考。不是机械，而首先是信息能动机将手从劳动中解放出来。人工智能是黑格尔的想象力所无法企及的。此外，黑格尔过于坚持劳动的理念，以至于他无法达到那种非劳动的生命形式。对黑格尔来说：精神就是劳动。精神就是手。数字化在其解放作用中给出了一种生命形式的承诺，这种生命形式与游戏无二。数字化产生了数字化的失业，而这种失业与经济发展的形势无关。

维兰·傅拉瑟对信息主导的新世界格局总结如下："我们不能再依托于物，在信息中我们不知道如何去依托于物了。我们变得无所依托。"[13]经历最初的怀疑后，傅拉瑟给自己描绘出了乌托邦图景式的未来。游戏飘荡式的轻松特性削弱了人们最先畏惧的那种无所依托特性。对物不感兴趣的未来人不是劳动者（创造之人，Homo faber），而是游戏者（享乐之人，Homo ludens）。他无须辛勤地劳动就可以克服物质质料现实的各种障碍。这种由人所编写程序的设备接管了劳动。未来的人是无手的："这种产生于我们身

[13]　Vilém Flusser, *Medienkultur*, Frankfurt/M. 1997, S. 187.

边并且从我们自己的内在中产生出来的新人是真正无手的。他不再处理物，因此在他身上，人们再也不能谈论行动。"[14]

手是劳动和行动的器官。与之相对，手指是选择的器官。未来的无手人只利用他的手指。这样的人进行选择而非行动。他按下按键，以便满足他的需求。他的生活不是一部强迫他去行动的戏剧，而是一场游戏。他不愿意占有任何东西，而是想要去体验和享受。

无手的人更接近于"智声"（Phono sapiens），他在他的智能手机上划拨手指。智能手机是他的游乐场地。有一种让人心动的观点认为：未来的人只是进行游戏和享乐，即未来的人是完全"无忧的"。既包含了交往，也包含了劳动在内的生活世界逐步变得游戏化，可以将这种游戏化看作"游戏人类时代已然到来"的证据吗？我们是否应当欢迎这种进行游戏的"智声"？尼采的"末人"已经预示了"智声"："人们还在劳动，因为劳动是一种娱乐。（……）人们在白天有其欢愉，在夜晚也有其欢愉：然而人们崇尚

[14]　　Flusser，*Dinge und Undinge*，a.a.O.，S. 84.

健康。"[15]

"智声"只想体验、享受和游戏，他告别了汉娜·阿伦特意义上的那种与行动联系在一起的自由。凡是行动的人，他打断现存的事物，将新的东西、全然的它物放置到世界中。在此他必须克服障碍。与之相对，游戏并不干预现实。行动是历史的动词。游戏着的未来无手人是历史终点的化身。

每一个时代都用不同的方式来定义自由。自由在古代意味着人是自由人，即不是奴隶。自由在现代内化为主体的自主性。它是行动的自由。行动的自由在今天下沉为选择和消费的自由。未来的无手人委身于一种"指尖的自由"[16]："有无数可以使用的按键，以至于我的指尖绝无法按触全部按键。因此我获得了'全然自由地去作决定'的印象。"[17]指尖的自由证明自身是一种幻象。自由选择实际上是一种消费者的拣选。未来的无手人没有真正的不同选择，因为他没有

18

[15]   Friedrich Nietzsche, *Also sprach Zarathustra. Ein Buch für Alle und Keinen*, Kritische Studienausgabe in 15 Bänden, hrsg. von G. Colli und M. Montinari, München 1999, Band 4, S. 20.

[16]   Ebd., S. 87.

[17]   Flusser, *Dinge und Undinge*, a. a. O., S. 88.

在行动。他生活在"后历史"中。他从未发现自己没有手。但是我们具有批判的能力，因为我们还有手，也就是说，我们还能行动。只有手有能力作选择，有能力达到作为行动的自由。

完满的统治就是所有人在其中只进行游戏的统治。朱文纳尔（Juvenal）[18] 用"面包与角斗比赛"（panem et circenses，字面意"面包与游戏"）这句谚语来描述无法进行任何政治行动的罗马社会。免费的食物和可观的游戏让人们变得安静。基本收入和电子游戏或许就是现代版本的"面包与角斗比赛"。

[18]　　［译注］罗马诗人，拉丁文全名为 Decimus Junius Juvenalis（出生于公元 55—60 年间，大约逝于公元 140 年），以讽刺诗作闻名。

Undinge: Umbrüche der Lebenswelt

从占有
到体验

抽象地说，体验意味着对信息的消费。我们今
天更愿意去体验而非占有，更愿意存在而非拥有。体
验是存在的一种形式。埃里希·弗洛姆在《拥有还是
存在》中写道："拥有与物相关……而存在与体验相
关。"[19]弗洛姆批评现代社会遵循拥有要胜过遵循存
在，今天看来，他的批评并不全面，因为我们生活在
体验与交往的社会中，这样的社会偏爱存在而非拥
有。拥有的老旧准则——我拥有得越多，我才存在得
越多——已不再有效。体验的全新准则说的是：我体
验得越多，我才存在得越多。

---

[19]　　Erich Fromm，*Haben oder Sein*，Stuttgart 1976，S. 106.

像《现金寻宝》(*Bares für Rares*)[20]这样的电视节目就非常有说服力地证实了这种不为人察觉的范式转换。我们毫无悲痛地，甚至可以说是毫无情绪地舍离从前的心爱之物。参加节目的大多数人通常都是为了获得节目"交易人"给他们的"现金券"而去节目上游玩，这样的游玩仿佛是一种物的舍离仪式。忽然之间，保留在物中的回忆不再具有价值。回忆让位给新的体验。今天的人们显然无法留驻在物当中，或者无法让物活化为他们真切的陪伴。心爱之物的前提是力比多式的情爱关系。而我们今天既不想被物束缚，也不想与人发生关联。关系是不合时宜的东西。它们削弱了体验的可能性，即削弱了消费主义意义上的自由。

甚至在物的消费中，我们从此期待的是体验。在物那里，物的信息内容（比如某一个品牌的形象）变得比使用价值更为重要。我们首先依据存储在物中的信息来感知这些物。通过购物，我们购买和消费的是情绪。借助于讲故事，制造品充满了情

---

[20]　　[译注]德国电视二台（ZDF）播放的一档寻宝拍卖类综艺节目，主持人是霍尔斯特·里希特（Horst Lichter）。

绪。创造价值的关键在于制造带来区隔感的信息，这样的信息让消费者期待获得特别的体验，甚至让他们期待获得作为特别之人的体验。与商品的物性相比，信息变得越来越重要。一件商品的美学文化内容才是真正的制造品。体验的经济学取代了物的经济学。

与物不同，人们没那么容易通过占有来获得信息。由此产生了"万物仿佛皆有信息"的印象。占有规定了物的范式。由信息构成的世界却不受占有的管制，而是由接入（Zugang）来调节。与物或者与地点的关系被接通网络与平台的临时接入（temporärer Zugang）[21]取代了。"共享经济"同样弱化了人们与物之间的同一化关系，这种同一化关系构成了占有。占有的基础是占位。而要求流动性的持续驱动则让人们难以建立与物和地点之间的同一化关系。而物与地点对我们建立同一身份[22]的影响也变得越来越小。今

21

---

[21]　　[译注] 在德语信息技术术语中 temporärer Zugang 对应于英语的 temporary access，中文的信息技术用语一般译为"临时访问"，这里为了保持全章对 Zugang 翻译的一致性，译者翻译为"临时接入"。

[22]　　[译注] 为了强调"身份"一词中所包含的"同一"特征，本章中的 Identität 都翻译为"同一身份"。

天人们首先是通过信息来生产出同一身份。我们在社交媒体上制造自己。法语表达"se produire"[23]意味着将自己放置到场景中。我们将自己场景化。我们表演着我们的同一身份。

杰里米·里夫金（Jeremy Rifkin）[24]认为，从占有向接入的过渡是一次影响深远的范式转换，这一范式转换导致了生活世界的根本改变。他甚至预言会出现新类型的人："接入、接口、access是即将到来之时代的关键概念……在经济生活中，一种转变了的财产观念将会不断改变未来几代人对自己和对生命本身的看法。'接入'关系所锻造的世界很有可能会生产出不同类别的人。"[25]

对物、对占有不感兴趣的人不再遵从以劳动和财产为基础的"物之道德"[26]。他更愿意游戏而非劳动，更愿意体验与享用而非占有。经济学在其文化阶段上也证实了这种游戏性的特征。场景化与表演获得了越来越重要的地位。文化创造——这意味着信息的制

---

[23]　［译注］se produire 法语本意为"发生"。

[24]　［译注］美国知名非虚构类社会和经济理论畅销书作者。

[25]　Jeremy Rifkin，*Access. Das Verschwinden des Eigentums*，Frankfurt/M. 2000，S. 13 f.

[26]　Flusser，*Dinge und Undinge*，a. a. O.，S. 82.

造——越来越多地改写了艺术的进程。创意变成了这种制造的口号。

在非物时代，人们可以在占有中识别出一种乌托邦式的腔调。占有的特征是私密性与内在性。只有与物建立一种深入的关系才能占有这种私密性和内在性。人们并不占有电子设备。今天的消费品会非常快地沦落到垃圾场里，这是因为我们不再占有这些消费品。人们将占有内在化，并且给它填充了心灵的内容。我占有的物是情感和回忆的容器。物因为长久使用而具有了历史，这种历史给予物以灵魂，让物成为心爱之物。但是通过深入的、力比多式的情爱关系，只有私密的物会成为心爱之物而存活着。今天的消费品是非私密的，纠缠不断且喋喋不休。它们都已经装载了预先制定好的、强加给消费者的观念和情绪。任何本己生活的事物都不会出现在它们身上。

如本雅明所说，占有是"人们与物之间所能够拥有的、最深沉的关系"[27]。收藏家是物最理想的占有者。本雅明将收藏家提升为一种乌托邦式的人物，提

[27]　Walter Benjamin, *Denkbilder*, in: ders., *Gesammelte Schriften*, Bd. IV.I, Frankfurt/M. 1972, S. 305–438, hier: S. 396.

升为物的未来拯救者。收藏家将"对物进行美化"作为自己的使命。他"不仅梦想自己身处遥远的或过去的世界之中，而且梦想自己处在更美好的世界中；在这个世界中，虽然像日常世界那样，人们同样很少拥有他们需要的东西，但是物却免受'要成为有用之物'的苦差"[28]。

在这种乌托邦式的未来中，人们完全以不同的方式来使用物，这种使用不再是消费。作为物的拯救者，收藏家献身于西西弗斯式的使命，"通过他对物的占有来消除物的商品属性"[29]。本雅明的收藏家很少对物的有用价值和使用价值感兴趣，而是热衷于物的历史和面相。作为物之身世渊源的时代、风景、手工和占有人，它们在收藏家手上结晶为一部"具有魔力的百科全书，这部百科全书的总体就是他的藏品之命运"[30]。真正的收藏家是消费者的对立面，他是物之世界的算命人、面相师："他很少将它们（物）留在手中，因此他似乎完全是通过物来获得灵感，去洞察物

[28]　Walter Benjamin, *Das Passagenwerk*, *Gesammelte Schriften*, Bd. V, Frankfurt/M. 1982, S. 53.

[29]　Ebd.

[30]　Benjamin, *Denkbilder*, a.a.O., S. 389.

的远不可及之处。"[31]

本雅明引用了人们熟知的拉丁文谚语：Habent sua fata libeli（书自有其命）。依据他的解读，书籍只有作为物、作为占有品的时候，才具有命运。书籍承载了那些赋予它历史的物质印迹。一本电子书不是物，而是一段信息。电子书具有完全不同的存在样态。就算人们拥有电子书，电子书也不是占有品，而是一个接入口。电子书没有年份、没有地点、没有手工与占有人。它缺乏那种灵韵的遥不可及，而似乎正是在这种遥不可及的地方，个体命运才将自己透露给我们。命运不属于任何数字化的秩序。信息既没有面相，也没有命运。信息也不允许任何深入的关系。因此电子书没有"手稿样本"（Handexemplar）。正是占有者的手赋予了书籍不可磨灭的面貌、面相。电子书没有脸，也没有命运。不用手就可以阅读电子书。"翻页"这个动作本来就包含了触觉，而触觉是任何一种关系中最关键的东西。没有身体的触碰，就不会产生任何关联。

在本雅明式的乌托邦中，物从其商品属性中得到了解放。我们的未来与这样的乌托邦全然不符。物

24

---

[31]　Ebd.

的时代结束了。类似《现金寻宝》这样的电视节目表明：人们在今天甚至可以将心爱之物无情地变成商品。信息资本主义展现了资本主义的一种锐化形式。不同于工业资本主义，信息资本主义将非物质性的事物也变成了商品。生活本身具有了商品的形式。人们将人的全部关系都商业化了。社交媒体全面地利用交流来牟利。像"爱彼迎"（Airbnb）这样的平台将"好客待人"商业化。信息资本主义占领了我们生活——甚至是我们灵魂——的每一个角落。人的喜爱好感被打分或点赞取代了。朋友最先变成了朋友圈的人数。文化本身完全变成了商品。借助讲故事式的营销手段，某一个地方的历史也变成了剩余价值的来源，被人用来牟利。制造品中充斥着各种小作文式的叙事。文化与商业之间的差异明显消失了。文化场所将自身固化为营利的品牌。

文化的源泉在共同体中。它传达的符号价值是那些奠定了共同体的符号价值。文化越是变成商品，它就越来越远离它的源泉。文化的全面商业化和商品化带来的后果是共同体的毁灭。在数字化平台上经常出现的"社区"是共同体的商品形式。作为商品的共同体是共同体的终点。

Undinge: Umbrüche der Lebenswelt

智能手机

在电话机发展历程的开端，它身边围绕着一种命运力量的灵韵。电话机的嗡嗡声响就像是人在给自己下达指令。在《柏林童年》中，本雅明描写了他作为孩子无助地受到这种设备的离奇力量主宰的情景："在那段时间里，电话机被丢弃了出来，歪扭着悬挂在放脏衣服的箱子和煤气表中间，在后走道的一个角落里，在那里它的声响反而让柏林的住处变得更加令人恐慌了。为了平息这个动荡，我爬了很久，穿过昏暗而狭窄悠长的房间，已经不再有力气控制我自己，我把有着哑铃重量的双头听筒拉扯下来，把头压在两个听筒中间，听筒里传出的声音无情地主宰着我。没有任何东西能削减这个声音施加给我的离奇力量。这个声音窃取了我对时间、义务和决心的心念，让我的思考变得空空如也，我变得昏昏沉沉的，而就像灵媒（Medium）听命于头顶神明强令它的声音那样，我也听从了电话机里传给我的第一个最佳建议。"[32]

灵媒是音讯（Botschaft）。昏暗走道里嗡嗡作响的电话（它的听筒有着哑铃的重量）先行安排好了音讯的形态，赋予它某种离奇的东西。最初电话通话的嘈杂声因而是"夜晚的密语"[33]。我们今天装在裤子口袋

---

[32]　Walter Benjamin, Berliner Kindheit um Neunzehnhundert, in: ders., *Gesammelte Schriften* IV.I, a.a.O., S. 235–304, hier: S. 243.［译注］鉴于原文和译文的语境，此段译文译者没有采用现有的中译文，而是由译者自译。此段现行中译文可参见：瓦尔特·本雅明，《柏林童年》，王涌译，南京大学出版社，2016年，第18页。

[33]　［译注］"夜晚的密语"，德语原文为 Nachtgeräusche，出自本雅明《电话机》这篇散文的第一段："最初电话通话的嘈杂声在我耳朵里留下的回响，肯定完全不同于今天的电话通话；它们是夜晚的密语。但是没有缪斯来传达。"本雅明在此反用了德语文学中出现过"缪斯夜间向失眠的诗人密语传音"的典故，该典故可参见瑞士德语诗人康拉德·费迪南·迈耶（Conrad Ferdinand Meyer）的短诗《夜晚的密语》头两行："缪斯，请将夜晚的密语传给我吧，它们涌入无眠之人的耳中！"（Melde mir die Nachtgerächse, Muse, die ans Ohr des Schlummerlosen fluten！）此处本雅明的译文同样与现行中译"夜晚的声音"不同。现行中译参见瓦尔特·本雅明，《柏林童年》，第17页。

里随身携带的手机则不具有这种"命运的沉重"。它轻薄且便携。我们确实可以在字面意义上掌控着它。命运是某种让我们变得不可移动的陌生力量。作为命运的声音,音讯也极少允许我们有自由发挥的空间。智能手机的移动性则给予了我们自由的感觉。它的声响不会惊吓到任何人。移动电话的任何事物都不会让我们陷入无助的被动性。没有人会被他者的声音支配。

在智能手机上不断地上下点击和来回划屏仿佛成了一种宗教仪式般的姿势,它极大地影响了人们和世界的关系。我不感兴趣的信息将会很快被划走。反过来,我所喜爱的内容则会被指尖滑动放大。我完全掌控着世界。世界是以我为尺度而建立起来的。就此而言,智能手机强化了自我关联的特性。我用上下点击的方式让世界服从于我的需求。对我来说,世界显现在完全可控的数字化表象中。

罗兰·巴特认为,触觉是"所有感觉中能最为强力地祛除神秘化的感觉,它与视觉不同,视觉是最神秘化的感觉"[34]。显著意义上的美是不可触碰的。这

---

[34] Roland Barthes, *Mythen des Alltags*, Frankfunt/M.2010, S.198.

种美要求保持距离。面对崇高，我们敬畏地后退。在祈祷的时候，我们张开双手。触觉消除距离。它无法达到惊叹。它祛除了它的对立物的神秘感，祛除了这一对立物的灵韵，将其世俗化。触摸屏扬弃了他者的否定性、扬弃了无法获取事物的否定性。它将触觉的强迫普遍化，让一切都变得可以获取。在智能手机的时代，甚至视觉也屈从于触觉的强迫，失去了它具有魔力的维度。视觉失去了惊叹。消除距离的、消费性的观看接近于触觉，它亵渎了世界。对这种观看来说，世界只出现在这种观看可以获取的特性当中。上下点击的食指让一切都变得可以被消费。订购商品或者食品的食指不可避免地将它的消费性特征传导到了其他的领域。食指所触碰的一切都变得具有了商品的形式。在使用 Tinder 的时候，食指将他者变成了性欲的对象。在他者的"他异性"（Andersheit）被剥夺后，他者也变得可以被人消费了。

在数字化交流中，他者越来越少具有当下在场的特征。我们通过智能手机将自己收回到与他者屏蔽隔阂的气泡中。在数字化交流中往往也会略去他者。人们不会特地给他者打电话。我们更愿意给他者发信息而非打电话，因为我们不会在文字上受到他者的控制。就此而言，作为声音的他者消失了。

用智能手机来交流是一种去身体化的、无视线的交流。共同体具有身体的维度。因为缺少身体性，数字化交流削弱了共同体。同样，视线让共同体变得稳定。数字化则让作为视线的他者消失了。数字化时代的人们缺少共情，视线的缺席同样要为此负责。儿童的联系人都局限在智能手机上，这就已经阻碍了他的视野。正是在母亲的视线中，儿童才获得了他的支持、自我确认和共同体。视线建构了最原初的亲近之物。有缺失的视线会导致人们的自我关系以及人们与他者关系的紊乱。

智能手机不仅是电话机，它首先是图像与信息的媒介。这就让智能手机与传统的手机区分开来。在人们把世界对象化为图像的那一刻，世界才变成了能够为人所获取和消费的世界："图像具有（……）某种人们在习语中表达的含义：在图像中，我们了解某物的情况。（……）进入图像来了解某物的情况[35]意味着：在存在者所处的周遭事物中，将存在者本身确立在自己面前，并且以此将存在者作为被确立起来的东西，在自己面前持续地拥有它。"[36] 智能手机通过把世界生产（herstellen）为图像，确立（stellen）了世界，这就是说，它获得了世界。因此，摄像头与屏幕发展成了智能手机的核心要素，因为它们强力促进了世界的图像生成。数字化图像将世界变成了可以获取的信息。智能手机是一种海德格尔意义上的"集置"（Ge-stell）；作为技术的本质，这种集置在自身中汇集了那种让人们可以获取事物的"确立"活动（Stellen）的全部形式，比如订购（Bestellen）、设想（Vorstellen）和生产（Herstellen）。未来文明的步伐

---

[35]　［译注］这里引用了海德格尔在《林中路》中对包含了德语单词 Bild（图像）的两个习语 "über etwas im Bilde sein"（了解某物的情况）和 "sich über etwas ins Bild setzen"（去了解某物的情况）的解释，本书作者想以此说明"图像"本身具有"信息维度"。为了凸显作者对 Bild 这个单词的用意，译者在翻译时将德语习语中的 Bild 一并译出。另外，此处引文的翻译与现行中译文不同，现行中译文可参见：海德格尔，《林中路》，孙周兴译，2008 年，上海译文出版社，第 77—78 页。

[36]　Martin Heidegger, *Holzwege*, Frankfurt/M. 1950, S. 82, 本书作者对引文做了取舍。

将会超越世界的图像生成。这一未来的步伐在于从图像中生产出世界，即生产出一种超实在的现实性。

作为客体的物构成了世界。"客体"（Objekt）这个词源于拉丁文动词 obicere，它的含义是迎面对立放置、迎面对立投放或者反对。这个词本身就具有对立的否定性。在词源上，客体是某种与我相对峙的、和我迎面对立放置并且反对着我的东西。数字化客体没有拉丁语动词 obicere 的否定性。我所经验到的数字化客体不是对立的东西。智能手机之所以是智能的，原因在于它取消了现实的对立特征。它的平滑表面就已经传达出了一种没有对立阻碍的感觉。在其平滑的触摸屏上，一切都显得那么顺手和讨喜。可以通过点击或者手指触发来达到和获得一切。借助它光滑的表面，智能手机具有了光滑润手的数字化按摩石（Handschmeichler）功效，这种数字化的按摩石为我们永久解锁出了"点赞"。数字化媒介虽然有效地克服了时空中的对立，但是对立的否定性却是经验的关键。数字化的无对立特性、智能的周遭环境导致了世界和经验的匮乏（Welt-und Erfahrungsarmut）。

智能手机是我们时代的头号信息设备。它将世界还原为信息，由此它不仅让许多物变成了多余的东西，也祛除了世界的物化。智能手机上的物特征也因为信息的缘故而退居后台。人们不会特别感知到它的物特征。几乎很难依据外表来区分智能手机。我们完全通过智能手机来观看信息的场域。类比来看，钟表虽然也为我们提供了与时间有关的信息，但钟表不是信息设备。而是一种物，也可以说是一种饰品。物的特征是钟表的核心组成要素。

受信息和信息设备支配的社会无须装饰品。饰品在词源上具有华丽服饰的含义。[37] 非物是赤裸的。物的特征是装饰性、点缀性。借助这样的特性，生命活动坚定地认为自己要比功能活动更为丰富。在巴洛克艺术当中，点缀性的事物是一种 theatrum dei，即献给众神的表演。如果我们让神圣的事物屈从于功能和信息，那么我们就从生命中驱逐了这一神圣事物。智能手机是我们时代的象征。在它身上没有任何过度装饰的东西。平滑与方正主导着它。而由它产生

[37] ［译注］这里指德语单词 Schmuck（饰品）的词源。依据 Wolfgang Pfeifer 的《德语词源字典》，现代德语 Schmuck 来自 16 世纪的中低地德语 smuk，它的词源含义是"紧贴身体的东西，首先是指华丽的、价值非凡的衣服"（eigentlich „dem Körper sich Anschmiegendes", daher zuerst von prächtiger, wertvoller Kleidung）。

的交流也缺乏优美形式的魔力。在这种交流中，占据主导地位的是直来直往，它通过情绪而得到了最佳的表达方式。智能手机进一步锐化了这种超量的交流（Hyperkommunikation）；超量交流拉平了一切，让一切都变得丝滑，最终让一切一体化。我们虽然生活在"诸多单数的社会"中，但悖谬的是，在这个社会中却极少出现唯一的单数，极少出现不可比拟的事物。

无论在什么地方，我们今天都会掏出手机，让这个装置来代理我们的感知。我们通过屏幕来感知现实。数字化的窗口将现实稀释为我们会随后记录下来的信息。不会发生任何与现实的物性联系。现实失去了它的当下在场状态。我们感知到的不是现实的物质波动。感知失去了身体。智能手机祛除了世界的现实性。

物没有窥视我们。因此我们信任物。相反，智能手机不只是一部信息设备，它也是一部极为高效的信息泄露设备，它长久地监视着它的使用者。获悉智能手机算法的内部机制（Innenleben）的人，有理由觉得自己会被智能手机追踪。我们被智能手机掌控和编写程序。不是我们在使用智能手机，而是智能手机在

31

使用我们。真正的能动者是智能手机。我们受到这台信息泄露设备的支配，在这台设备的背后有不同的能动者在驾驭着我们、控制着我们转向。

智能手机不仅具有给人带来解放的面向。"一直能够被人找到"的特性与仆人的特性没有根本上的差别。智能手机表明自己是一座移动的强制劳动场所，而我们自愿被关在里面。此外，智能手机是色情影像式的电话（Pornophone），我们自愿让自己裸露。它的功能就像是一张可以移动的审讯坦白座椅。它用另一种形式来延续"坦白座椅的神圣统治"[38]。

每一种统治都会有它自己的虔信者。神学家恩斯特·特洛尔其（Ernst Troeltsch）就提到过"大众对给人带来镣铐的虔信对象的想象"[39]。这些虔信的对象通过将自身变成习俗并且在身体中扎根，它们稳定了统治。"虔诚"意味着服从。智能手机将自己定位为

---

[38] Ernst Troeltsch, Epochen und Typen der Sozialphilosophie des Christentums, in: ders., *Gesammelte Schriften*, hrsg. Von H. Baron, Tübingen 1925, Band 4, Aufsätze zur Geistesgeschichte und Religionssoziologie, S. 122–155, hier: S. 134.

[39] Troeltsch, Epochen und Typen der Sozialphilosophie des Christentums, a. a. O., S. 135.

新自由主义体制的虔信对象。作为一种让人服从的设备，它就像十字架念珠一样；十字架念珠和数字化穿戴设备相似，同样都是移动的且触手可及的东西。"点赞"是数字化的"阿们"。我们点击"点赞"按钮，也就是让自己臣服于统治的整体。

像脸书或者谷歌这样的平台则是新的封建领主。我们不辞辛劳地耕种着它们的土地，生产出它们随后用以牟利的宝贵数据。尽管我们被全面的剥削、监视和控制，但我们仍觉得自己是自由的。在一个剥削着自由的体系中，反抗无法成形。统治与自由相结合，只有在这个时刻，统治才变得完满。

32

在《监视资本主义的时代》这本书的末尾，肖莎娜·祖博夫（Shoshana Zuboff）在援引了柏林墙的事例后，呼吁人们共同进行反抗："柏林墙倒塌的原因有很多，而最主要的原因是东柏林的人们对自己说：'现在受够了！'（……）受够了！让我们把这句话当作我们的政治宣言。"[40] 从原则上看，压制自由的体系不同于剥削自由的、新自由主义的监视资本

---

[40]　Shoshana Zuboff, *Das Zeitalter des Überwachungskapitalismus*, Frankfurt/M 2018，S. 599.

主义。我们吸食了太多的数字化毒品、摄入了太多的交流迷药，以至于说不出"受够了"，说不出反抗的声音。这里没有革命浪漫主义的席位。观念艺术家珍妮·霍尔泽（Jenny Holzer）则用她的艺术作品《常理》"让我免受我所欲之物的伤害"（Protect me from what I want）说出了肖莎娜·祖博夫明显忽视了的真相。

新自由主义的体制本身就是智能的。智能权力不是通过命令与禁令来运作的。它不是驯服我们，而是让我们产生依赖和渴望。它不是要打破我们的意志，而是要利用我们的欲望。它想要我们给它点赞。它是放纵而非压抑的。它没有强制我们沉默。相反，我们长久地受到鼓励和刺激，要分享我们的意见、偏好、需求和愿望，要和人们一起分享，甚至是讲述我们的生活。这种智能权力以全然和善的方式，甚至是智能的方式出现，它以此让它的统治变得不可见。臣服的主体从未意识到他的臣服状态。这个主体误以为自己是自由的。资本主义在"点赞"资本主义中变得完满。基于这种资本主义的放纵特性，它无须担心反抗、无须担心革命。

我们与智能手机之间有着几乎算是共生的关系。

鉴于这种共生关系，现在可以认为智能手机是一个过渡性客体。精神分析学家唐纳德·温尼科特（Donald Winnicott）将那些让儿童可以确定无疑地过渡到现实的物称为过渡性客体。只有借助过渡性客体，儿童才能够为自己创造出游戏空间，创造出"居于媒介之间的空间"（intermediärer Raum）[41]，儿童在这个空间中"放松自己，仿佛置身在一个安全的、没有争吵的栖息地"[42]。过渡性客体建构出了通往现实的、通往他者的桥梁，而儿童童真式的全能幻想则看不到这个他者。儿童很早就能够伸手触及对象，比如被子或枕头的一角，以便把它们塞到嘴里或者去抚摸它们。往后他们会把一整个客体占为己有，比如人形玩偶或布偶动物。过渡性客体实现了这一对生命颇为重要的功能。它们给儿童传递了一种安全的感受。它们祛除了儿童对孤独的恐惧。它们创造了信任和安全感。归功于过渡性客体，儿童从容地长大，进入世界。过渡性客体是最初的世界之物，它们稳定了儿童年幼的

[41]　Donald Winnicott, *Vom Spiel zur Kreativität*, Stuttgart 1975, S.11.

[42]　Tilmann Habermas, *Geliebte Objekte Symbole und Instrumente der Identitätsbildung*, Berlin/New York 1996, S.325.

生命。

34　　　针对他的过渡性客体，儿童建构了一种非常深入的、内在的关系。过渡性客体既不应被改变，也不应被清洗。任何东西都不应干扰这种亲近的经验。如果儿童丢失了他喜爱的过渡性客体，他就会变得恐慌。过渡性客体虽然是他的占有物，却有着某种程度上的独立生命。在孩子面前，它表现为一个独立的、人格化的对立物。过渡性客体开创了一个儿童和他者相遇的对话空间。

如果我们丢失了智能手机，我们就会变得恐慌。我们和智能手机也有一种亲密关系。因此我们很不乐意将它交到其他人手里。由此可以把智能手机理解为过渡性客体、数字化的泰迪熊吗？"智能手机是自恋性客体"这一事实就与过渡性客体相矛盾。过渡性客体体现的是他者。儿童和它交谈、偎依着它，就好像它是另外一个人一样。但是没有人会偎依着智能手机。没有人会独特地将智能手机感知为对立着的人。不同于过渡性客体，它也不是不可取代的心爱之物。我们每隔一段时间就会去买新的智能手机。

与过渡性客体的游戏表现出了一种与成年的创造性活动（比如艺术）的相似之处。这种游戏开创了

— 044 —

自由的游戏空间。儿童将自己代入过渡性客体中。这种客体让儿童的想象活动得以自由奔驰。儿童用符号的方式来填充过渡性客体。过渡性客体则凝聚为儿童梦想的容器。与之相反，给我们带来过多刺激的智能手机则压抑着想象。过渡性客体是缺乏刺激的。因此它们强化并建构注意力。而智能手机带来的过多刺激则让注意力变得碎片化。它让精神变得不稳定，与之相反，过渡性客体用稳定的方式来影响精神。

过渡性客体缔造了他者的关系。我们和智能手机则反而有一种自恋关系。智能手机揭示出了许多与所谓的"自闭症客体"相似的东西。我们可以将这些相似的东西命名为"自恋的客体"。过渡性客体是软性的。儿童可以紧贴着它。在紧贴着过渡性客体时，儿童注意到的不是自己，而是他者。自闭症的客体是硬性的："客体的硬度让儿童可以通过操纵与按压来注意到他自己而非客体。"[43] 自闭症客体缺少他者的维度。它们也不会激发出想象。与它们打交道，这是重复性的活动而非创造性的活动。重复、强迫也成为人

[43]　Ebd., S.336.

们和智能手机关系的标志。

虽然和过渡性客体类似，自闭症客体是对缺失的关联人的替代，但是自闭症客体将这种关联人对象化为一个客体。它们拿走了关联人的他异性："借由自闭症客体，我们给出了这样一种极端的例证：对象取代了人，甚至这些对象会直接被人用来逃避无法衡量的东西和一直会出现的分离（自主行动的人与人之间的关系不可避免会产生这样的分离），而更极端的是：这些对象会让人完全不把他人感知为人。"[44] 智能手机和自闭症客体之间的相似性是不可忽视的。不同于过渡性客体，智能手机是硬性的。智能手机不是数字化的泰迪熊。毋宁说它是自恋的、自闭症的客体，人们在这个客体中主要注意的是他自己。因此，智能手机也摧毁了共情。通过智能手机，我们退缩到自恋的场域中，这个自恋的场域让我们免受他者不可衡量之特性带来的苦恼。智能手机将他者对象化为客体，由此它让人们能够获取他者。智能手机从第二人称的"你"中制造出了第三人称的"它"。他者的消失正是智能手机让我们变得孤独的本体论根据。我们

[44]　Ebd., S.337.

今天之所以会以强迫的方式来交流、之所以会过度地进行交流，正是因为我们是孤独的并且觉察到了空虚。但是这种超量的交流不会带来充实。它只是深化了孤独，因为这种超量的交流缺乏他者的当下在场。

自 拍

Undinge: Umbrüche der Lebenswelt

模拟照片（das analoge Foto）[45] 是物。我们常

常像对待心爱之物那样来保护它。它脆弱的物理特

性会受到岁月、衰变的损害。它出生并且承受死亡：

"（……）像有生命的有机体那样，它从萌芽式的银盐

底片中出生，在一瞬间盛开，以便即刻衰老。它受到

---

[45]　　[译注] 模拟照片，即胶片照片，是模拟摄影的产物。模拟摄影
　　　　是指通过化学反应、以模拟的方式来产生图像的一种摄影手
　　　　段。从针孔相机将图像投射到感光纸上，到光学镜头将光投
　　　　射到带有化学涂层的胶片上，都属于模拟摄影的范畴。通常
　　　　所说的胶片摄影（德语 Filmfotographie，英语 film photography）
　　　　属于模拟摄影的一种。在本书中，韩炳哲用模拟摄影和数字
　　　　摄影进行比较，意在进一步分析"模拟"（Analogie，analog）
　　　　概念和"数字化"（Digitalisierung，digital）概念之间的差别。

光线和潮湿的攻击，失去光泽、变得破败，化作无形（……）。"[46] 在拍摄对象（Referent）的层面上，模拟摄影（die analoge Fotografie）是过去的化身。被拍摄的对象无情地消失在过去之中。摄影是在进行哀悼。

　　死亡与复活的戏剧主导着巴特的摄影理论，这一理论可以被解读为模拟摄影的悼文。作为脆弱的物，摄影虽然献祭给了死亡，但它也是复活的灵媒。它抓住从拍摄对象那里发出的光线，并且把这些光线固定在银盐底片上。它不是单纯地在回忆中回溯已死之事物。毋宁说，它通过让当下显现的经验变得鲜活，从而能够造就出当下显现的经验。它是"灵质"（Ektoplasma），是"拍摄对象"魔法般的"流溢"（Emanation）[47]，是不朽之极具神秘意味的炼金术："所爱的物体通过宝贵金属元素——银——的中介变得不朽；而这种说法还需要补充的是：和炼金术的所有金属元素一样，这种金属元素是活跃的元

38

---

[46]　　Roland Barthes, *Die helle Kammer*, Frankfurt/M. 1985, S. 104.

[47]　　Ebd., S. 90.

素。"[48]摄影是脐带，这种脐带让所爱的物体超越死亡而和观看者联系在一起。摄影让这个物体得以再生，将它从死亡的衰败中拯救出来。因此摄影"与复活有关"[49]。

《明室》这本书的基础是一种过度的哀悼。在这本书里，巴特迫切地召唤他死去的母亲。对这本书里他母亲拍摄的一张非肖像画式的照片（他母亲的光芒源于她的不在场），他写道："即便摄影从冬天的花园中产生，即便摄影或许会褪色，对我来说，它是丰富的光线来源，这里的光线是我的母亲在小孩子的时候发出的——从她的头发、她的皮肤、她的衣服、她的目光、从过去那个特别的日子发出的光线。"[50]巴特用大写字母来拼写"摄影"，仿佛摄影是一种救赎的方程式、一种验证复活的密语（Schibboleth）。

摄影强化了人之生命的衰弱经验，这种经验导致了对救赎的渴求。阿甘本因此将摄影和复活的观念联

---

[48]　　Ebd., S. 91.
[49]　　Ebd., S. 92.
[50]　　Ebd.

系在一起。摄影是"对光荣肉身的先知启示"[51]。从被拍摄的主体身上发出了"沉默的致辞""救赎的诉求"[52]:"被拍摄的主体对我们提出要求。(……)即便我们今天完全遗忘了被拍摄的人,即便人的记忆总是一再地抹去被拍摄人的名字——尽管如此,也正是因为如此,这个被拍摄的人要求(……)人们不要遗忘他。"[53]摄影的天使不断更新着复活的承诺。他是记忆和救赎的天使。他让我们超越生命的衰弱。

经由负片,模拟摄影将客体发出的光的踪影转载到照片纸上。就其本质来说,模拟摄影就是光的图像(Lichtbild)。光在暗室中再生。因此这个暗室是明室。与此相对,数字媒介将光线转变为数据,即转变为数字关系。数据没有光。它们既不明亮,也不晦暗。它们取消了生命的光。数字媒介撕碎了那种通过光而将客体与摄影联系在一起的、有魔力的关联。模拟意味着相似。化学与光之间有一种模拟关系。客体

---

[51]   Giorgio Agamben, *Profanierungen*, Frankfurt/M. 2005, S. 22.

[52]   Ebd., S. 21.

[53]   Ebd., S. 20.

发出的光线被保存在银盐胶片中。与此相对，光和数字之间没有相似性、没有模拟性。数字媒介将光转译为数据。光在这种转译中消失了。在数字摄影中，炼金术让位于数学。它祛除了摄影的魔力。

模拟摄影是"对当下显现的认证"[54]。它给出"过去曾如此"[55]的证据。它爱上的是现实："让我对摄影产生兴趣的东西是独一无二的，即摄影向我展现了存在着的东西，即我在摄影中不多也不少地看到的'有这样的东西！'。"[56]如果"过去曾如此"是摄影的真相（Wahrheit），那么数字摄影就是纯粹的假相（Schein）。数字摄影不是拍摄对象的流溢，而是它的消灭。数字摄影和它的对象之间没有紧密的、内在的、力比多式的联系。它深化自己，没有对拍摄对象的爱恋。它不呼叫对象，不与对象进行对话。它的基础不是与对象一次性的、唯一的、不可撤销的相遇。观看本身被委托给了摄影的器材。用数字化的方式进行后期制作的可能性削弱了（摄影）和拍摄对象的联

40

---

[54]　Barthes，*Die helle Kammer*，a.a.O.，S. 97.

[55]　Ebd.，S. 90.

[56]　Wim Wenders，*Landschaften. Photographien*，Düsseldorf 2015，S. 229.

系。数字化的后期制作让人们无法投身于现实。在和拍摄对象脱钩之后，摄影变成了自我指向性的摄影。人工智能产生了一种新的、得到了拓展的实在性（这种实在并不存在），产生了一种和实在性、实在的指向对象没有对应的超实在性。数字摄影是超实在性的。

作为回忆的媒介，模拟摄影讲述的是一段历史、一种命运。围绕它的是小说故事性的场域（ein romanhafter Horizont）："日期数据（Datum）是照片的组成部分（……），因为它让人变得仔细，让人仔细地思考生命、死亡、人类世代不可避免的消逝：柯特兹（Kertész）1931年拍摄到的小学生恩内斯特，他今天仍还有可能活着（但是在哪里？活得怎么样？这就是一部小说）。"[57] 数字摄影不是小说故事性的，而是剧集插曲式的（episodisch）。智能手机用一种完全不同的时间性来生成摄影，一种没有时间性深度的摄影、没有小说故事性广度的摄影、没有命运和回忆的摄影，即一种瞬间的摄影（Augenblicksfotografie）。

瓦尔特·本雅明指出：在摄影中，展览的价值

---

[57]　　Barthes, *Die helle Kammer*, a. a. O., S. 93 ff.

越来越排斥崇拜的价值。但崇拜价值并不是毫无阻碍地就能从摄影中隐退的。"人的脸面"是它最后的藏身地。因此，早期摄影的中心是肖像摄影。崇拜价值存续于"对遥远的或逝去的爱之回忆的崇拜"。"人之脸的流动性表达"产生了一种灵韵，这种灵韵赋予了摄影"一种阴郁沉重的、无可比拟的美"[58]。

在自拍的形式中，人的脸面再次占领了摄影。自拍从人的脸面中制造出了"脸"(Face)。像"脸书"(Facebook)这样的数字平台用脸来做展览。与模拟摄影的肖像摄影不同，自拍充斥着展览价值。崇拜价值在自拍中完全消失了。自拍是没有灵韵的、展览出来的脸。它缺少那种"阴郁沉重"的美。它的特点是数字化的愉悦。

仅从自恋来说，还没有抓住自拍的本质。自拍中的新东西在于自拍的存在状态。自拍不是物，而是一种信息、一种非物。非物驱逐了物，这同样发生在摄影上。智能手机让摄影的物消失了。作为信息的自

---

[58] Walter Benjamin, Das Kunstwerk im Zeitalter seiner technischen Reproduzierbarkeit, in: ders., *Gesammelte Schriften* VII.I, Frankfurt/M. 1989, 350–384, S. 360.

拍，它的效能仅仅作用于数字化交流的内部。同时消失的还有记忆、命运和历史。

巴特的母亲之摄影是一种物，确切地说，是一种心物。这种摄影是他的母亲人格的纯粹表达。这种摄影就是他的母亲。在这种摄影上，他的母亲以物的方式当下显现。这种摄影具身实现了母亲的当下显现。作为心物，这种摄影完全远离交流。对外展示会破坏它。这正是巴特尽管在不断地谈论他母亲的摄影，但是在他的书中却没有展现这种摄影的原因。隐秘就是这种摄影的本质。深奥的秘密（Arcanum）指向的是藏宝之处（arca）。巴特的这种摄影就保存在藏宝之处，更确切地说，像一个秘密那样，保存在嬉戏胡闹中。在这种摄影被展现给他人的时刻，它就完全失去了它的魔力。拥有这种摄影的人只为他自己（für sich）来保存它。这样的"为自己"（Für-sich）不符合自拍和数字摄影的本质。它们是视觉的传播、是信息。进行自拍是一种交流行为。因此，它必须面对他人的目光、必须为他人的目光所分享。自拍的本质是展示，而摄影的特点则是隐秘。

不是为了保存自拍而去自拍。自拍不是记忆的媒介。就此而言，人们也不会把自拍冲洗出来成为照片。和每一种信息一样，自拍与现时性相关。重复没有任何意义。人们只是一次性地感知自拍。在此之后，自拍的存在状态就等同于电话答录机上已经被人听过的录音消息。数字化的图像交流祛除了自拍的物性，让它成为纯粹的信息。让照片阅后即焚的通信软件"色拉布"（Snapchat）特别契合自拍的本质。自拍具有与语音消息同样的时间性。而我们用智能手机拍摄的其他照片也可以像信息那样来处理。这些照片也不再拥有物。它们的存在状态在根本上不同于模拟摄影的存在状态。模拟摄影更多的是物性的纪念品（Monumente），而不是非物性的时刻的记录品（Momentaufnahmen）。

通信软件"色拉布"让数字化的瞬间交流得以成形。它用最纯粹的形式实现了数字化的时间。重要的只有"时刻"。而"时刻"的"故事"（Story）也不是真正意义上的"纪事"（Geschichte）[59]。它不是叙事性的，而是加成性的。它受限于时刻记录的按序

43

---

[59]　[译注] 德语单词 Geschichte 是一个多义词，既有"历史"的含义，也有"故事"的含义。在这里为了能够同时照顾这个词的两种含义，选择翻译为"纪事"。

排列。数字化的时间被分解为单个时间点当下的单纯序列。它缺少任何一种叙事的连续性。它用这样的方式让生活自身变得短暂易逝。数字化的客体不允许停留。它们就此不同于物。

自拍的特点是游戏性。数字化交流展现出了游戏的特性。"智声"发现交流就是它的游戏方式。与劳作之人相比较，他更多的是游戏之人。借助于数字摄影，图片交流在本质上比单纯的文字交流更适合用来游戏和表演。

因为自拍首先是讯息，它们具有表达多言的倾向。因此极端的拍摄姿势占据着主流。不存在沉默的自拍。模拟的肖像摄影反而通常是沉静的。它们并不渴求关注。正是这种沉静赋予了它们一种表现力。自拍虽然是喧嚣的，但是缺乏表现力。因为过分夸张的展现使得自拍的效果像是带上了假面一般。数字化图像交流对人脸的过度占有是会产生后果的。它让人脸具有商品的形态。本雅明或许会说，人脸最终失去了它的灵韵。

模拟的肖像摄影是一种静物写生。它们必须去表现人格。因此，我们在摄影镜头前追求的往往是让图像契合我们自身，让图像贴近我们自己内在

44

的图像、触及这种内在的图像。我们短暂地停下来（innehalten）。我们转向自己的内在（nach innen wenden）。因此，模拟的肖像摄影总是产生出严肃的效果。拍摄的姿势也是审慎的。与之相对，自拍不是人格的见证。类似于"嘟嘴"这种标准化的脸部表情则完全无法表达人格。（自拍时）伸舌头和闭上一边眼睛看上去都是一样的。我们制造我们自己，这意味着我们会用各种姿势和角色来让我们自己变成场景。

自拍宣告了担负着命运和历史的人的消失。自拍表达的是用游戏的方式将自己献身给瞬间的生活方式。自拍不会进行哀悼。死亡与消逝在根本上与自拍相异。葬礼上的自拍表明哀悼的缺席。这里说的是丧葬活动上的自拍。人们在棺材边上开心地对着镜头做笑脸。人们甩给死亡的是一种笑嘻嘻的"我在现场"（Ich bin）。当然，我们也可以将这样的自拍称为数字化的哀悼活动。

Undinge: Umbrüche der Lebenswelt

人工智能

思维在更深的层面上是一种已经被规定好的模拟 45
（analog）进程。在思维用概念来把握世界之前，它
已经被世界感动（ergriffen），更确切地说，被世界激
发。激发式的东西最适合人的思维。思维最初的形象比
喻就是起鸡皮疙瘩。人工智能不能进行思维，这是因为
它不会起鸡皮疙瘩。它缺少激发和模拟的维度、缺少感
动（Ergriffenheit），数据和信息无法提供感动。

思维的出发点是一种面对着概念、观念和信息
的整体性。早在它特别关注出现于"经验的场域"[60]

[60]   Hubert L. Dreyfus，*Die künstliche Intelligenz. Was Computer nicht können*，Königstein/Ts. 1985，S. 226.

中的那些对象和事实之前，它就已经在这种"经验的场域"中活动了。思维所适用的整体存在者首先就包含在类似于情态（Stimmung）这样的激发式的媒介中："情绪已然包含了作为整体的'在世界中存在'（In-der-Welt-sein），并且首先让一种'超出自身而指向自身'（Sichrichten auf）得以可能。"[61] 在思维指向某物之前，思维就已然现身（befinden）在一种基础情态之中。人之思维的特点就是这种现身情态（Befindlichkeit）。情态不是那种给客观世界染色的主观状态。情态就是世界。在此之后，思维才用概念来澄清包含在基础情态中的世界。感动先行于概念把握的活动、先行于对概念的加工："我们把哲学运思规定为从此在本质性的感动中、以概念把握的方式所进行的提问。但是只有源于并且处于此在的基础情态之中，才有可能有这样一种感动。"[62] 只有基础情态才会让人们去思维："一切根本性的思维都要求：每一次都以全新的方式、像打凿出矿石那样，从基础情态

[61] Heidegger, *Sein und Zeit*, a. a. O., S. 137.
[62] Martin Heidegger, *Die Grundbegriffe der Metaphysik. Welt-Endlichkeit-Einsamkeit*, *Gesamtausgabe*, Bd. 29/30, Frankfurt/M. 1983, S. 195.

中打凿出它的思想和命题。"[63]

作为此在，人总是已然被抛入一个被规定的世界中。世界作为一种先于反思的整体在人面前展开。此在作为具有情态的存在（Gestimmtsein）先行于具有意识的存在（Bewusstsein）。在人初始的感动中，思维仿佛是在自身之外的。基础情态将思维放置到了某一种外在之中。人工智能不进行思维，因为它从来不是在自身之外的。精神的原初含义是"在自身之外的存在"（Außer-sich-sein），或者是感动。人工智能或许可以进行快速的计算，但是它缺少精神。对计算来说，感动似乎只是一种干扰。

"模拟"的意思是"符合"。作为模拟的进程，思维符合的是那种规定（bestimmen）并且全面规定了（durchstimmen）思维之情态的情调（Stimme）。不是某一个存在者唤起思维，而是整体的存在者、存在者之存在唤起思维。海德格尔的情态现象学让人们直观到了人的思维和人工智能之间的根本区别。在《这是什么？——哲学》中，海德格尔写道："符 - 合活

[63] Martin Heidegger, *Beiträge zur Philosophie（Vom Ereignis）*, *Gesamtausgabe*, Bd. 65, Frankfurt/M. 1989, S. 21.

动听从劝说的情调。作为存在的情调来劝说我们的东西，也规定了我们符合活动（Entsprechen）的情态。'符合活动'也就意味着：是被规定了情态的、是有意向的（être disposé），即是从存在者的存在出发的（……）符合活动是必然的、始终存在着的，而非仅仅是偶然的、间或存在着的，它是具有某种情态的符合活动。它具有某种情态的特性。只有以情态特性（情态意向，disposition）为基础，符合活动的言说活动才获得了它的准确性、它的具有情态的特性。"[64] 思维在倾听，甚至可以说，在仔细而无声地听。人工智能是聋的，它听不见这种情调。

"真正有生命的哲学运思的开端"，如海德格尔所说，是"基础情态的唤醒（Weckung），这种基础情态从根基开始，全面地规定着我们的情态"[65]。基础情态是让言词和概念集聚在自己周围的引力。没有基础情态，思维则缺少安定秩序的框架："如果基础情态缺席，那么一切东西不过都是概念和语词外壳之间勉

[64] Martin Heidegger, *Was ist das-die Philosophie?*, Pfullingen 1956, S. 23.

[65] Heidegger, *Die Grundbegriffe der Metaphysik*, a.a.O., S. 103.

强碰撞在一起所发出的声音。"[66] 在基础情态中被给予的、激发性的整体是思维的模拟维度，这是人工智能无法临摹刻写的维度。

按照海德格尔的说法，哲学的历史是基础情态的历史。比如笛卡尔的思就具有怀疑的情态（bestimmt von Zweifel），而惊异则全面规定了柏拉图之思的情态。笛卡尔之我思（cogito）的基础是怀疑的基础情态。海德格尔对近代哲学之情态样貌的描绘如下："对笛卡尔来说，怀疑成为一种情态，在这种情态中，具有某一情态的这种特性飞跃而上地安置在了确定存在者（ens certum）——处在确定性之中的存在者——的头上。确定性（certitudo）变成了用存在者来固定存在者的举动（Festmachung des ens qua ens），这种固定的举动源于'我思（故）我在'这种对人之自我无法加以怀疑的特性。（……）对无论何时都可以达到知识的绝对确定性之信念，这种信念的情态仍然是近代哲学的激情，由此也是它的本原（arché）。"[67] 激情（pathos）是哲学的开端。人工智

48

[66]　Heidegger, *Beiträge zur Philosophie*, a. a. O., S. 21.

[67]　Heidegger, *Was ist das-die Philosophie*, a. a. O., S. 41 f.

能是冷漠的，这说的是：没有激情、没有受激发之情（Leidenschaft）。它进行的是计算。

人工智能无法通达那些不能清晰概览而只能预先猜想的视域。但这种"预知"不是"知识台阶的前梯"。毋宁说，在这种预知中所开启的是"隐瞒了，即遮蔽了一切可以认知的东西的殿堂"[68]。海德格尔将这种预知安置在心灵中。人工智能是没有心灵的。有心的思维，在它对概念进行加工之前，它会对各种空间进行估量和摸索。这种有心的（herzhaft）思维和无需空间的计算的区别就在于："如果有心的本质是一种预知活动（Ahnen），那么我们绝不会认为这种预知活动是在不清晰中变得越来越模糊的意谓活动（Meinen）。这种预知活动有它自己的清晰和决断，它始终在根本上不同于那种进行计算的知性的自我确定性。"[69]

依照海德格尔，当人工智能被隔绝在那种让思维得以开始的整体性之外时，人工智能似乎也就无法进入思维。人工智能是没有世界的。作为语义视域的

---

[68]　Martin Heidegger，*Was heißt Denken?*，Tübingen 1984，S. 173.

[69]　Martin Heidegger，*Höderlins Hymne »Der Ister«*，*Gesamt-ausgabe*，Bd. 53，Frankfurt/M. 1984，S. 134.

整体性，它涵盖的预先目标要多于人工智能所实现的目标。思维的运转完全不同于人工智能。整体性构成了初始的框架，事实则形成于这一框架。情态的变化即框架的变化，它等同于那种产生出新的事实的范式转换。[70] 与之相对，人工智能处理的是预先给予的、始终不变的事实。它并不能给予自身新的事实。

　　大数据启发人们去思考一种绝对的知识。物显露出它们隐秘的相关关系（Korrelationen）。一切东西都变得可以计算、可以预测和可以控制。知识的全新时代宣告了它的到来。实际上，我们必须把这种知识和一种相当原始的知识形式联系在一起。数据挖掘揭示出了相关关系。依据黑格尔的逻辑学，相关关系展现的是最底层的知识形式。A 和 B 的相关关系是指：A 总是和 B 一起出现。在相关关系中，人们不知道这种关系为何形成。它直接就是这种关系。相关关系显示的是概率，而非必然性。它不同于作为必然性根据"A 是 B 的原因"的那种因果关系。相互作用展现了

---

[70]　Dreyfus, *Die Grenzen künstlicher Intelligenz*, a. a. O., S. 230.

一种更为递进的知识层次。这种相互作用是指：A 和 B 相互限制。A 和 B 确立的是一种必然性关联。但是在这种知识层次上，还没有以概念的方式来理解这种关联："如果人们停留在仅仅从相互作用的视角来观察所给定的内容，那么这实际上是一种完全缺乏概念的举动。"[71]

只有概念才涵盖了 A 和 B 的关联。概念是将 A 和 B 收入概念之中（einbegreifen）的 C。借助于 C，A 和 B 之间的关联得到了概念的把握。概念重新建构出了框架，建构出了包含 A 和 B 并且让它们的关系变得清晰的整体性。A 和 B 只是"第三者的环节，即更高者的环节"。只有在概念的层次上才可以有本真意义上的知识："概念是物本身所包含的东西，通过概念，物才是其所是，因此，用概念的方式去把握一个对象，这意味着：意识到这个对象的概念。"[72] 只有从这个包含了全体的概念 C 出发，才能够以概念的方

[71]   Georg Wilhelm Friedrich Hegel, *Enzyklopädie der philosophischen Wissenschaften im Grundrisse 1830*, Erster Teil. Die Wissenschaft der Logik, in: ders., *Werke in zwanzig Bünden*, hrsg. von E. Moldenhauer und K. M. Michel, Frankfurt/M. 1970, Band 8, S. 302.

[72]   Ebd., S. 318.

式完整地理解 A 和 B 的关联。在概念包含现实的时候，现实本身就由此被输送到了知识之中。

　　大数据采用的是不完全的知识。它仍然受到相关关系和模型识别的限制，然而模型识别不用概念把握的方式来理解任何东西。概念建构出了将各个环节包含在自身中并且收入概念之中的整体性。整体性是推理的形式。概念是一种推理。"全体是推理"意味着"全体是概念"[73]。理性也是一种推理："全部理性的东西都是一种推理。"大数据是加成性的。加成性的东西不建构整体性、不建构推理。它缺少概念，即缺少将各个部分关联为一个整体的那种抓手。人工智能从未达到知识的概念层次。它不是用概念把握的方式去理解那些它所计算的事件。计算不为自身建构概念，而且不是从一个推理推进到下一个推理，计算因而不同于思维。

　　人工智能从过去出发来进行学习。它计算出来的未来不是本真意义上的未来。它看不到事件的发生（erreignisblind）。但是思维具有事件发生的特点。思维将某种完全他性的东西放置到世界中。人工智能恰

[73]　　Ebd., S. 332.

好缺乏那种让重要意义上的新事物得以开始的断裂的
否定性。它延续的终究是相同的东西。智能的含义是
在某些东西中作出选择（inter-legere）。它只涉及一
种在预先给定的选项之间所作的选择，归根结底是在
1 和 0 之间作选择。它的运转不超出预先给定的东西，
不进入不可通行之地（das Unbegangene）。

　　重要意义上的思维创造出一个新的世界。它在
通达全然不同的东西、走向全然不同的地点的路途
上："思维的语词缺乏图像，不产生刺激。（……）但
思维仍然在改变世界。思维将世界变成了谜语的、愈
发晦暗的泉源深处，这一愈发晦暗的泉源深处即对更
高的光明的预示。"[74] 机器智能穿透这种谜语的晦暗
泉源深处。信息和数据不具有深度。人的思维不单
单是计算和解答问题。它照亮世界并让它变得清晰
（lichten）。它创造的是一个完全不同的世界。从机器
智能中产生的首要危险是：人的思维去适应机器的智
能，它自身变得机器化。

　　思维从爱欲（Eros）中汲取养分。在柏拉图

[74]　Martin Heidegger, *Vorträge und Aufsätze*, Pfullingen 1954,
　　　S. 221.

51

那里，逻格斯（Logos）和爱若斯达成了一种内在的关系。爱欲是思维得以可能的条件。海德格尔在此也追随着柏拉图。在走向不可通行之地的路途上，爱欲激励着思维："我将它称为爱若斯，按照巴门尼德的说法，这是众神中最古老的一位。当我在思维中迈出关键的一步并且勇敢地进入不可通行之地的时候，这位神明的翼展每一次都触碰到了我。"[75] 计算是没有爱欲的。数据和信息不会产生诱惑。

依据德勒兹的说法，哲学始于一种"Faire l'idiot"（让自己变成白痴）[76]。思维的特点不是智能，而是白痴的愚蠢。每一位创造新的表达方式、新的思维、新的语言的哲学家都是白痴。他告别了曾经存在过的一切事物。他居住在思维尚未被人描述过的、处子般的内在层面。通过"让自己变成白痴"，思维敢于跳跃到他者当中，敢于进入不可通行之地。哲学的历史是各种白痴式愚蠢的历史、各种白痴式跳跃的历史："古老的白痴想要的是那种他从他自身出发才可

52

[75]   Briefe Martin Heideggers an seine Frau Elfriede 1915–1970，
        München 2005，S. 264.

[76]   www2.univ-paris8.fr/deleuze/article.php3?id_article=131.

能获得的明证：他在他自身中怀疑一切（……）。新的白痴完全不想要任何明证（……），他想要的是荒谬的东西——这是完全不同的思维图景。"[77] 人工智能不能进行思维，因为它不能"让自己变成白痴"。它过于智能，以至于无法成为白痴。

[77]　Gilles Deleuze/Félix Guattari, *Was ist Philosophie?*, Frankfurt/M. 2000, S. 71.

Undinge: Umbrüche der Lebenswelt

对物的看法

多么值得惊叹的卑屈！物就像图片一样顺从。如字
面所述：像图片一样！它们完全不再让人不安。因此人
们再也不偷偷地去看这些物了。

——弗朗西斯·蓬热[78]

首先，物是他者，这个彻底的他者强加或者书写一
种法律（……），一种无限专横的命令，这种专横欲壑
难填，我不得不屈服于这一专横的命令。

——雅克·德里达[79]

---

[78] Francis Ponge, *Schreibpraktiken oder Die stetige
      Unfertigkeit*, München 1988, S. 69.

[79] Jacques Derrida, *Signéponge*, New York 1984, S. 13.［译注］
      引文原文为法语，特请友人张大卫博士译出。

物中潜伏着的危险

在米老鼠的系列动画片里，对物性实在的表现随着时代的变迁而变得不同。[80] 在早期的动画系列剧集中，物以极为潜伏的方式出现。它们获得了独立的生命（Eigenleben），更确切地说，获得了独立的意义（Eigensinn），它们作为无法预测的参演者出场。主角永远围绕着它们进行打闹。各种物让主角围着它们转圈，用搞笑的方式来戏弄他。在物附近停留不是没有危险的。门、椅子、折叠床、柜子或者车辆都可能转眼就变成了危险的对象和事件。机械充分展现出了它邪魔的面目。爆炸无处不在。主角完全受制于物的任性和无法预测性。物不断地制造挫折。这个系列动画片的乐趣大部分源于物中潜伏着的危险。

查理·卓别林在他早年的电影中也极度任由物中潜伏着的危险来摆布他。物在他身边乱飞，横躺在他面前制造障碍。情景喜剧源于和各种物的作对。物摆

---

[80] Matthew B. Crawford, *Die Wiedergewinnung des Wirklichen. Eine Philosophie des Ichs im Zeitalter der Zerstreuung*, Berlin 2016, S. 111 ff.

脱掉了它们的使用功能关联，获得了独立的生命。物的无序状态是获得这种物之生命的先行条件。比如在电影《当铺》中，作为典当师的卓别林像检查人的身体一样，用听诊器和锤子来检查闹钟，又用手摇钻和罐头的开罐器来打开这个闹钟。[81] 被拆开闹钟的机械部分，像是获得了生命，各自独立并且活动起来。[82]

55

　　物中潜伏着的危险已然属于过去。我们已不再受物的折磨。物表现出的不是破坏性和冲突性的行为。它们失去了它们的针刺。我们不是在物的他性或者陌生性中来感知物。因此对现实性的感觉也变弱了。数字化通过祛除世界的物性，首先强化了对世界现实性的祛除。在面对这样的数字化时，德里达的观点听起来就让人觉得格格不入：物是"完全的他者"（le tout autre），它向我们颁布它的"律法"，我们必须臣服于这一律法。今天的物反而完全是臣服性的。它们臣

---

[81]　[译注]《当铺》是卓别林 1916 年拍摄的时长 26 分钟的默片电影，此处所述的"闹钟场景"出现在影片 18 分 25 秒左右。

[82]　Dorothee Kimmich, *Lebendige Dinge in der Moderne*, Konstanz 2011, S. 92.

服于我们的需求。

今天的米老鼠也过着数字化的、智能的、非物的生活。它的世界被数字化和信息化了。在新的动画系列剧集《米奇妙妙屋》[83]中，物性实在的表现完全变成了不同的样子。忽然之间，物失去了它们独立的生命，变成了顺应人意志的、用于解决问题的工具。生活本身被视为解决问题的活动。对物的处置也失去了任何产生冲突的特点。物在此时不再作为难以驾驭的参演者出场。

比如米老鼠和它的朋友们遇到难题。此时它们只需要呼喊"噢！工具箱！"（Oh Toudles）[84]，随之就冒出了一个看上去像是圆形智能手机的"万能机器"（Handy-Dandy-Maschine）。在它的屏幕上，这台机器显示出带有四个"妙妙工具"[85]，即带有它能够选择用来解决问题的四个选项的菜单。这台万能机器给每一个问题都准备好了一种解决方案。主角

[83]　［译注］德语片名为 *Micky Maus Wunderhaus*，对应的英语片名为 *Micky Mouse Clubhouse*。下文涉及这部动画片的关键名词均采用对应的中译名。

[84]　［译注］对应的英语为"Oh Toudles"。

[85]　［译注］此处德语原文为 Mitmachsachen，对应的是英语原版动画中的单词 Mouseketool。

不与物性实在发生冲突。他不面对物的对立面。孩子们就这样被灌输了一种"万事皆有解"的思想（Machbarkeitsdenken）：一切东西都有一种快速的解决方案，甚至有一个应用程序，而生活本身不过就是一种解决问题的活动。

物的脊背

57 　　辛巴达 [86] 在他的旅途中发生了沉船。他和旅伴一起逃到了一座在他看来像天堂花园一样的小岛上。他们四处探索和打猎。在他们生火想要去烹煮猎物的时候，大地突然弯曲隆起。树木也折倒了。这座岛屿实际上是一只大鱼的脊背。这只大鱼休眠了太长时间，以至于它的脊背上出现了肥沃的土地。而火的热度破坏了大鱼的安眠。它又潜入深海中去了。辛巴达和他的旅伴被抛弃在了大海上。恩斯特·布洛赫将这则童话故事解读为我们和物之关系的寓言。他反对我们用工具化的方式来对待物。他将人类文化理解为极其易碎的、在"物的脊背"上所创立的东西。我们只认识到"物在技术上愿意为人所用的、与人友善亲和（Eingemeidung）的正面或者表面"。但是我们既没有看到"它们的潜藏层面"，也没有看到"整体浮游于其中的要素" [87]。

　　布洛赫思考的是这样一种可能性：物之为人所用

---

[86] 　［译注］辛巴达（Sinbad）为《一千零一夜》故事中一位航海家的名字。

[87] 　Ernst Bloch, *Spuren*, Frankfurt/M. 1985, S. 174.

的意愿仅仅表现出了它们朝向我们的正面，实际上，它们属于"另一个世界"，属于"另一个仅仅零星地散落在人之世界中的世界"。在为人所用的意愿背后或许有着一种非理性的、阻碍人的意图的独立生命。就此而言，我们不是自己家中的主人："即便我们不在炉子边上，炉子里的火也还在烧。有人说，这样的话，在变暖的小屋里，炉子里的火也有可能会造成火灾。但是人们不确定是否会发生火灾，人们不清楚，此前是什么东西引起了火、在我们外出期间家具发生了什么事情。任何猜想都没法得到证明，但是也没法反驳任何猜想，就算是奇幻的猜想也没法被反驳。同样：老鼠们在桌子上到处跳舞，而桌子此时做了什么事情？或者桌子此时成为什么东西？在我们回家的时候，一切都又还安在，仿佛无事发生，这一点可能恰巧是最让人害怕的。（……）很多人从小就有一种隐约的感觉，只有在我们看向物的时候，我们才看到了物。"[88] 或许借助于物的互联网，我们能化解位于我们心中的那种至深的恐惧，即物在我们不在场时会变成怪物的恐惧。信息领域给物带上了镣铐。物的互联

58

---

[88]　　Ebd., S. 172.

网是物的监狱。它将物束缚为乐于去满足我们需求的执行者。

在过去，人们显然承认物具有更多的独特性。在哲学家弗里德里希·提奥多尔·费肖尔（Friedrich Theodor Vischer）的知名小说《有一个人》（*Auch Einer*）（1878）中，物就变成了怪物。小说的主人公觉得自己总是受到"潜藏在物件（Objekt）中的危险"的威胁。物真的在折磨着他。他发动了与物的战争。他间或通过处决物来完成对物的报复："从破晓到深夜，只要有人在附近，物件都会想要捣乱、想要使坏。人们必须像驯兽师敢于走进野兽的笼子时那样，像他对待野兽那样来对待物件；他紧紧盯着野兽的目光，而野兽也盯着他的（……）。因此，一切物件都在伺机而动，铅笔、羽毛笔、墨水瓶、纸张、雪茄、玻璃杯、台灯——一切东西，在人们不注意的那个瞬间的一切东西。（……）就像是第一眼看上去漫不经心的老虎，它会在此时猛扑向不幸的人，该死的物件也是这样做的（……）。"[89]

---

[89] Friedrich Theodor Vischer, *Auch Einer. Eine Reisebekanntschaft*, Band 1, Stuttgart/Leipzig 1879, S. 32 f.

在过去的文学中，物的行为举止大多像是有独立意志的主体。约瑟夫·艾迪生（Joseph Addison）的故事集《一个先令的冒险》或者詹姆斯·费尼莫尔·库柏（James Fenimore Cooper）的《口袋手帕自传》在今天可能是完全无法想象的，在这些故事中，物作为主人公讲述了它们生命的故事。20世纪的许多文学形象也还与物的独立生命形成对照。现代的追求，即完全支配物和将物工具化，在这些文学形象上显然露出了裂痕。物的潜藏层面与物的阴暗面渗透到了人们的知觉中。

比如罗伯特·穆齐尔的"特尔莱斯"[90]就有着"谜一般的个性，会突然受到无生命的物、单纯的对象的干扰，有时就像是被上百只沉默的、进行质问的眼睛突然盯着一样"[91]。他被物盯上了。不显眼的物影响着他，仿佛它们在说话。世界"充满了无声的声音"[92]。作为目光的他者、作为声音的他者正是在

---

[90]　［译注］指穆齐尔小说《学生特尔莱斯的困惑》中的主人公。

[91]　Robert Musil, *Die Verwirrungen des Zöglings Törleß*, in: ders., *Gesammelte Werke*, hrsg. von A. Frisé, Hamburg 1978, Band 2, Prosa und Stücke, S. 7–140, hier: S. 91.

[92]　Ebd., S. 89.

这个时刻显现了出来。萨特也熟悉被物触动所具有的含义。《恶心》的主人公总是不断地接触到物，这触发了他的行动："对象，这种东西不应该接触人，因为这种东西根本不是活物。人们使用对象，把它们再次放到相应的地方，人们活在对象中间：对象是有用的，仅此而已。但是它们触碰到了我，我！这是不可忍受的。我害怕接触它们，它们仿佛是活的动物。"[93]在萨特的世界中，他者是完好的。作为目光的他者是建构世界关系的关键。目光甚至感知到了树枝的沙沙作响、半开的窗户或者窗帘的轻微飘动。[94]世界在今天是完全缺乏目光的。它不再盯上我们。它失去了它的他性。

对里尔克来说，物散发出了温度。因此他甚至做起了与物同房的梦："在每件物那里，我都想去睡一次，想让它的温度把我变得疲劳，想随着它的呼吸而起伏做梦，想在我的全部肢体上发现它那可爱的、消融了的赤裸陪伴，想要因为它睡眠的香气而变得茁壮，然后在早晨，趁它醒来之前，在告

---

[93] Jean-Paul Sartre, *Der Ekel*, Hamburg 2004, S. 20.

[94] Jean-Paul Sartre, *Das Sein und das Nichts. Versuch einer phänomenologischen Ontologie*, Hamburg 1952, S. 344.

别之先，继续着继续……"[95] 由手工制作的精美的物温暖了心灵。手的温度转移到了物。机器的冰冷则让物的温度消失了。在现代，物冷却为难以驯化的客体。本雅明也确信物变得冰冷了："温度从物中消失了。每天使用的对象让人不知不觉但又坚定地生发出厌恶。总的来说，人每天都必须耗费巨大的劳力来克服这些对象给他带来的、隐秘的——不单单是公开的——阻碍。他必须用自己的温度来消抵这些对象的冷漠，以便不被它们冻僵，他必须用无数的技巧来抓住它们的针刺，以便不被它们刺伤。"[96]

61

物带有针刺的时代早已结束。数字化拿走了物的每一种"叛逆的"物料属性、每一种逆反性。它们完全失去了"反对"（obicere）的特征。它们不给我们制造任何对立。信息能动机没有针刺，以至于我们必然会用无数的技巧来抓住它们。毋宁说，它们贴合我们的需求。在平滑的智能手机上没有人会受伤。

[95] Rainer Maria Rilke, *Tagebücher aus der Frühzeit*, Frankfurt/M.
      1973, S. 131 f.

[96] Walter Benjamin, Einbahnstraße, in: ders., *Gesammelte
      Schriften*, Band IV.I, a. a. O., S. 83–148, hier: S. 99.

物在今天已经绝不是冷漠的。它们既没有冷漠，也没有温度。它们仿佛变得衰弱了。它们失去了每一种生命的特性。它们不再展现任何"相对而立"。它们不是对立物。今天有谁会觉得物在盯着他或者在对他说话呢？有谁在物的脸面中察觉到了物？有谁在物当中认识到了一种具有生命特征的生理现象？有谁看到物是具有灵魂的？有谁猜想到物有独立的生命？有谁觉得受到了物的威胁或者被物施加了魔法？有谁为物的温暖目光而感到快乐？有谁对物的陌生而感到惊讶？今天的孩子们还会心惊胆战地爬过那个桌子、柜子和窗帘都会做出鬼脸吓人的昏暗房间吗？

世界在今天特别缺乏目光和声音。世界既不凝视我们，也不向我们说话。它丧失了他性。规定着我们世界经验的数字化屏幕让我们与现实隔绝。世界被祛除了现实性、物性和身体性。强化的自我不再被他者触动。这个自我在物的脊背上吹嘘自己。

他者的消失是真正的戏剧性事件。但是它发生得悄无声息，以至于我们根本都没有意识到它的发生。作为秘密的他者、作为目光的他者、作为声音的他者消失了。他者的他性被夺走了，它沉沦为可以支配的、可以消费的客体。他者的消失也影响到了物的世界。物失去了它们独有的重要性、独立的生命和独特的意义。

如果世界只由可以支配、可以消费的客体构成，那么我们就无法和世界建立关系。人们不可能用信息来开启一种关系。关系预设了一种独立的"相对而立"，预设了一种对立性，预设了"你"："说出'你'的人不拥有任何东西、没有任何东西。但是他处在一种关系中。"[97] 一个可支配、可消费的客体不是"你"，而是一个"它"。缺失的关系和联结导致了一种必须要被严肃对待的、缺乏世界的匮乏状态（Armut an Welt）。正是数字化客体的洪流导致了世界的丧失。屏幕极其缺乏世界和现实性。没有"相对而立"、没有任何一个的"你"，我们只是围绕着我们自己在转圈。抑郁就是指病态强化的匮乏世界的状态（Weltarmut）。数字化助长了这种匮乏世界之状态的扩散。信息领域强化了我们与自身的关联属性。一切都服从于我们的需求。只有让他者再次复活才能将我们从这种匮乏世界的状态中解放出来。

63

[97]　　Martin Buber, *Ich und Du*, Stuttgart 1995, S. 5.

鬼 魂

在卡夫卡的小说《家主之忧》中，名为奥德拉代克（Odradek）的难以驯服之物在家中游荡着。它引发了家主的忧虑。奥德拉代克是星星形状的纱芯，它独自靠着小棒子活动，就像靠双脚活动一样。它没有为人所用的意愿或者服从性之特性。它虽然是一个物，但是它让自己摆脱了功能性的关联。在它身上没有任何东西指向功能属性："人们或许试图相信，这个有形物早先具有符合某种目的的形状，而它现在只是被打碎了。但这似乎又不大属实；至少没有什么迹象表明如此；在任何地方都看不到可以表明是这种东西的豁口或裂纹。整体虽然显得荒诞离奇，却自成一体。更详细的情况就不好另外再说了，因为奥德拉代克特别灵活，无法抓住它。"奥德拉代克也摆脱了空间上的分派安排。它"居无定所"。它通常偏离地停留在像是楼梯间或者走廊这样的居中空间里。有的时候几个月时间里根本都看不到它。奥德拉代克代表着具有独特意义的物。它具体体现了他者，体现了完整的他者。他具有自己独特的法则。

奥德拉代克虽然极具独立的意志，但是如小说作者在结尾所说的那样，它"显然没有伤害任何人"。然而，卡夫卡对非物的想法却不是这样。在给米莲娜（Milena）的一封信中，他写道：他生活中的一切不幸都来源于写信。[98] 信件似乎产生了令人恐慌的、对灵魂的损害。写信是与鬼魂的往来。人们或许可以想念在远方的人，或者可以抓住邻近的人，但是其他的一切东西都超出了人的力量。书信里写下的吻并不会抵达它们被指定的地点。它们会在路上被鬼魂截获和吞咽掉。人类似乎感受到了这一点，和它们抗争。为了尽可能在人们中间驱除鬼魂式的东西并获得灵魂的平和，人类发明了铁路、汽车和飞机，但是这些东西似乎帮不上忙，它们不过是在坠毁中被制作出来的发明物。对手那一方似乎更强大。在邮件之后，人类发明了电报、电话和传真机。卡夫卡的结论是：鬼魂不会饿肚子，而人将会毁灭。

面对数字化，卡夫卡或许会无奈地得出结论：鬼魂取得了对人类的最终胜利，人类现在发明了互联

---

[98] Franz Kafka, *Briefe an Milena*, hrsg. von W. Haas, Frankfurt/M. 1983, S. 302.

网、电子邮件和智能手机。在网络上嬉戏玩耍的正是鬼魂。信息领域实际上就是鬼魂式的。在那里没有任何东西具有坚固的物性。非物就是鬼魂的养料。

数字化交流对人类的关系产生了极为重大的影响。我们今天无处不是处于联网状态，然而我们相互之间无须发生关联。数字化交流是外在延展性的。它没有内在的强度（Intensität）。联网状态和关系不同。第三人称的"它"在今天完全取代了第二人称的"你"。数字化交流取消了人格性的"相对而立"，取消了脸面、目光和身体性的当下显现。它以此加速了他者的消亡。鬼魂居住在相同者的洞穴中。

人类是邻近的存在者（Nahwesen）。但邻近不是没有距离。邻近就包含着远离。邻近和远离相互所属。因此作为邻近存在者的人同时也是远离的存在者（Fernwesen）。因此卡夫卡说：人们或许可以抓住邻近的人或者思念在远方的人，其他的一切都超出了人的力量。数字化交流让一切都变得没有距离，由此它不仅破坏了邻近，也破坏了远离。和他者的关系将距离设定为前提。距离的作用是让"你"不会沉沦为"它"。在没有距离的时代，关系让位给无距离的联络。

信息能动机完全失去了物的独特意义。它们在每一个方面都与奥德拉代克这一无法驯服的物相对立。它们在全面的功能属性中产生，听从着指令。名为"阿列沙"（Alexa）的信息能动机，它和奥德拉代克不同，它有固定的居所，有聊天的属性。"阿列沙"和沉默的奥德拉代克不同，如卡夫卡所说，人们"不向奥德拉代克提出难题"，而"阿列沙"则接收任何复杂的问题并给出热心的回答。在我们的智能家庭中，没有任何东西会引发"家主"的忧虑。

物的魔力

67   我们今天首先基于信息来感知现实。信息层像是没有孔洞的薄膜一样笼罩在物上，它将感知与内在的强度（Intensitäten）隔绝开来。信息重新展现了现实。但信息的统治妨碍了当下在场的经验。[99]我们永远在消费信息。信息则消减了触动。感知失去了深度和强度、失去了身体和体量。它没有深入现实的当下在场层面中去。它只是从信息的表层掠过。

    拼命拥挤到现实面前的大量信息冲蚀了现实的物性层面。胡戈·冯·霍夫曼斯塔尔已然指出："语言让自己优先于物。听说之举吞噬了世界。"[100] 在他著名的《致钱多斯勋爵的信》中，这位虚构小说

---

[99]   贡布莱希特的说明很有道理："今天文化的主流趋势是：放弃以当下在场为基础的世界关系的可能性，甚至要从记忆中抹除这种可能性。"（Hans Ulrich Gumbrecht, *Diesseits der Hermeneutik. Die Produktion von Präsenz*, Frankfurt/M. 2004, S. 12.）

[100]   Hugo von Hofmannsthal, *Eine Monographie*, in: ders., *Gesammelte Werke*, hrsg. von B. Schoeller, Frankfurt/M. 1986, Reden und Aufsätze 1, S. 479–483, hier: S. 479.

家记录下了神灵当下显现的经验。不为人注意的物，比如装了半满的浇水壶、在浇水壶中浮游的虫子、枯萎的苹果树、长满苔藓的石头或者地上孤零零的耙子，"眼睛通常都因自以为是的冷漠而忽略它们"，它们在某个时刻突然获得了"崇高而动人的印记"，用"一种柔缓却越发强烈的神圣感受"[101]来震撼审视它们的人。关于内在强度的神圣显现经验让审视者置身于"紧张不安的思"之中、置身于"物质的思"之中，"这种物质比语言更直接、更流畅、更有激情"[102]。这里召唤出的是一种具有魔力的世界关系，这种关系不是由再现——即不是由观念和含义——来锻造的，而是直接由触动和当下在场来锻造的。

不论是"看见繁星满布的天空"，还是"管风琴发出恢宏的轰鸣"[103]，它们都没有产生当下在场的经验。毋宁说是"微不足道之物的集合"[104]成为谜一

68

---

[101]　Hugo von Hofmannsthal, *Ein Brief*, in: ders., *Gesammelte Werke*, a. a. O., Erzählungen, erfundene Gespräche und Briefe, S. 461–472, hier: S. 467.

[102]　Ebd., S. 471.

[103]　Ebd., S. 470 f.

[104]　Ebd., S. 469.

般的、无语言的迷狂的源泉。在这种神灵显现的瞬间，人进入"与完整的此在的一种全新的、充满预感的关系"中，并且开始"用心来思考"[105]。这种集合也包含了"至深平和的时刻"[106]。小说家渴望一种物的语言，"沉默的物用这种语言对我言说，而我如果以后进入坟墓，也会用这种语言来回应某位未知的判官"[107]。

伴随着对物的日益关注的，是对自我的遗忘和自我的丧失。在"我"弱化的时候，人们才容易接受那种安静的物的语言。当下在场的经验的以受责难（Ausgesetztheit）、可以接受伤害（Verwundbarkeit）为前提条件。如果没有伤害，我听到的最终不过是自己的回声。伤害是一种敞开、是倾听他者的耳朵。今天已经根本不可能有这种神灵显现的瞬间，自我（Ego）变得越来越强势。物几乎无法触动它。

巴特的摄影理论也可以转化到现实本身。他区分了两种摄影的元素。第一种元素"知面"

---

[105]　Ebd.

[106]　Ebd., S. 471.

[107]　Ebd., S. 472.

(studium)[108] 涉及的是从我们在摄影观察时所记录下的信息中延展出来的场域。它关系到的是"无关切的愿望、无目标的兴趣、不连贯的倾向之场域：我喜欢（ich mag）/ 不喜欢、我喜爱（I like）/ 不喜爱"[109]。"知面"属于"喜爱"（to like）而非"热爱"（to love）的场域。伴随它的只是"不确定的、表面的、无责任的兴趣"[110]。视觉信息完全可以产生震撼，但是它们不会带来"伤害"。不会出现任何的"惊慌"（Betroffenheit）。"知面"缺少任何形式的暴烈特性。它不会产生内在的强度。作为"知面"基础的知觉是外在延展性的、加成性的和累积性的。"知面"是一种阅读。它没有魔力。

摄影的第二个元素叫作"刺点"（punctum）。它打断"知面"。某种"像箭一样的东西，它从自己的

---

[108]　［译注］在罗兰·巴特的《明室》中，他用拉丁文单词 studium（中译"知面"）和 punctum（中译"刺点"）来命名他本人理解摄影作品的两个元素。译文选择的中译名参见：罗兰·巴特，《明室——摄影札记》，许琪玲译，台湾摄影《季刊》1995，第34-36页。

[109]　Barthes，*Die helle Kammer*，a.a.O.，S. 36.

[110]　Ebd.，S. 37.

整体中向外射出，以便穿透我"[111]。"刺点"粉碎了信息构成的连续体。它是最高的内在强度和浓缩的所在地，这里包含了某种无法被定义的东西，这种无法被定义的东西摆脱了任何一种形式的再现："无法命名某种东西是内在不安的确切标志。（……）作用就在这里，然而它无法被定位，它既没有获得它的标志，也没有获得它的名号；它是穿透性的，然而还是在'我自己之我'（meines Ichs）的某一片区域里停留了下来（……）。"[112]

"知面"具备一种"自主的意识"[113]。我自主地让我的注意力覆盖由信息组成的广阔场域。相反，"刺点"让我置身于彻底的被动性之中。它弱化了我。我承受着一种自我的丧失。在有意抉择的此岸，某种东西"击中"了我，某种东西"吸引"我并且让我"受伤"。我被某种唯一的东西触动和掌握。某种无名的东西侵入了我的某一个不为人所知的区域，这个区域摆脱了我的控制。

巴特称这种摄影是"单形的"，这种摄影局限在

70

---

[111]　Ebd., S. 35.

[112]　Ebd., S. 60 f.

[113]　Ebd., S. 35.

"知面"中。它们只搬运一次性的信息。如果现实被稀释成可以为人消费的信息，那么现实本身就变成了单形的。作为信息的现实属于"喜欢"[114]的序列，而不属于"热爱"的序列。"我喜欢"[115]淹没了世界。每一种具有内在强度的经验都在内部包含了他者的否定性。"喜欢"的肯定性将世界转变为相同者的洞穴。

巴特也将色情照片看作单形的摄影作品。它是平滑的，而爱欲的摄影作品则是"褶皱而有裂纹"[116]的图片。没有任何信息显露出断裂。因此不存在爱欲式的信息。就其本质而言，信息是色情的。全方位地摆放在人们面前并且无休止地展现给人们的东西，它不具有诱惑力。爱欲的东西以"看不见的场域"为前提，以某种摆脱了信息的可见性、公开性的东西为前提："我相信，正是看不见之场域的在场性将爱欲的照片和色情的照片区分开来。"[117]"看不见的场域"是幻想的所在地。只有闭上眼睛的时候，这一场域才会开启。

---

[114]　［译注］这里的喜欢（to like）也有"点赞"的含义。

[115]　［译注］"我喜欢"（Gefällt mir），即德语中的"点赞"。

[116]　Ebd., S. 51.

[117]　Ebd., S. 68.

现实的"刺点"贯穿了再现的场域，让当下在场降临。它产生了神灵显现的瞬间。数字化将现实还原为信息，由此它将"知面"全体化。从数字化的屏幕中不会对外射出任何像箭一样的东西，不会穿透审视它的人。信息没有箭头般的尖锐。它们对强势的自我不起作用。覆盖了现实的大量信息隔绝了知觉和现实的"刺点"。信息的噪音阻碍了当下在场的经验，甚至阻碍了那种内在地包含着安静时刻的启示。

弗洛伊德将"物"描述为摆脱了再现的知觉复合体。[118] 它"给人留下深刻的印象"，因为它拒绝给它划归各种属性。它的突出特性就是给人留下深刻印象的唯一性，即完整他者的否定性。它以此在象征的内部——即在"知面"的内部——标识出一条裂纹。对于物，拉康也说："在此存在于这个物之中的东西，是真正的秘密。"[119] 作为盲点的物展现了信息和透明

---

[118] Sigmund Freud, *Entwurf einer Psychologie*, in: ders., *Gesammelte Werke*, Nachtragsband. Texte aus den Jahren 1885–1938, Frankfurt/M. 1987, S. 375–486, hier: S. 426 f.

[119] Jacques Lacan, *Seminar. Die Ethik der Psychoanalyse*, Weinheim/Berlin 1996, S. 59.

性的对立形态。它是完全不透明的东西。它标识出某种彻底退缩回地下的东西。如果日常知觉的习惯之物是对象征秩序的再现，那么神秘莫测的物自体就是非物（achose）。这种非物是摆脱了象征的实在。它完全穿破了再现之网。它是现实的"刺点"、是"看不见的场域"（champ aveugle），或者说，是"隐微的偏离"（hors-champ subtil）[120]，这种偏离打破了"知面"，打破了由信息构成的向外延展的场域。

———

[120] Barthes，*Die helle Kammer*，a. a. O.，S. 68.

艺术对物的遗忘

72   艺术作品是物。甚至像诗歌这种我们习惯上不
作为物来讨论的语言艺术作品都具有一种物的特征。
在给露·安德烈亚斯·莎乐美的信中，里尔克写道：
"不管怎样，我必然也会想去制作物；不是雕塑的物，
而是书写的物——从手工作品中诞生的现实。"[121] 作
为由指称符号（Signifikanten）构成的形式造物，即
语言性的符号，诗歌之所以是物，是因为它没有化
解为含义（Bedeutung）。我们虽然可以基于诗歌的
含义来读诗歌，但诗歌并未消融为含义。诗歌具有
感性的身体维度，这个维度不受意义（Sinn）、所指
（Signifikat）的制约。正是指称符号的富余将诗歌浓
缩为物。

    我们没法去阅读物，作为物的诗歌反对那种消
费意义和情感的阅读，比如阅读探案小说或者爽文式
（eingängig）的小说。这种阅读在揭露出小说所藏匿
的东西后就结束了。它有着类似色情作品的特性。但

---

[121] Rainer Maria Rilke/Lou Andreas-Salomé, *Briefwechsel*,
       Frankfurt/M. 1975, S. 105.

是诗歌拒绝任何形式的"小说式的满足"[122]，拒绝任何形式的消费。色情作品式的阅读与爱欲式的阅读相对立，爱欲式的阅读在作为身体的文本中、在作为物的文本中逗留。诗歌和我们色情作品式的、消费主义的时代不协调。正是由于这个原因，我们今天很少再去阅读诗歌了。

罗伯特·瓦尔泽将诗歌描绘为美丽的躯体、身体性的物："在我看来，美妙的诗歌必然也是美丽的肉身，它必然是在不经意地、几近无意地摆放在纸面上的言词中对外绽放。这些言词形成了紧绷着覆盖在内容上的——覆盖在身体上的——皮肤。艺术就在于：不是说出言词，而是形成诗歌的身体，即专注于让言词成为造就诗歌身体的工具……"[123] 言词"无意地""不经意地"被放到纸面上。书写因此也就从那种用某一单义的意义来装扮言词的意图中解放了出来。诗人随性于近乎无意识的过程。指称符号从制造意义的苦工中解放了出来，诗歌就是从这些指称符号中编织出来的。诗人无需观念。他的卓越之处是一种

[122] Roland Barthes, *Die Lust am Text*, Frankfurt/M. 2010, S. 19.

[123] Robert Walser, *Briefe*, Zürich 1979, S. 266.

模仿的天真。他致力于用言词来形塑身体、形塑物。作为皮肤的言词不是将含义包围起来，相反它紧绷着覆盖在身体上。写诗是一种爱的行动，一种用身体来游玩的爱欲游戏。

瓦尔泽的物料主义（Materialismus）在于：他把诗歌理解为身体。诗歌创作不着力于构建意义，而是着力于构建身体。指称符号首先指向的不是所指，它们掠过所指，自己缩合为一具美丽的、神秘莫测的身体，它具有诱惑力。阅读不是诠释学，而是感触学（Haptik）、是触动、是爱的抚摸。它紧紧贴着诗歌的肌肤。它享受诗歌的身体。作为身体、作为物（Ding）的诗歌让人觉察到一种特殊的当下在场，这种当下在场与诠释学所致力运用的再现相对立。

74　　艺术越来越远离这种将艺术作品理解为物的物料主义。这种物料主义站在实现意义之责任的彼岸，它允许人们不经意地去和指称符号玩游戏。弗朗西斯·蓬热或许会毫无保留地赞同瓦尔泽的物料主义："从人们将言词（以及言词性的表达）视为物料的那个瞬间开始，用心于言词就是一件非常惬意的事。就像画家专注于颜色与形状一样，这可以是非常惬意的事。和它们进行游戏是至高的享受。"[124] 语言是一座游乐场，是"享受乐趣的地方"。语词（Wörter）[125] 首先不是含义的承载者。毋宁说，它们实际上"在含义之外获得了它们尽可能高的乐趣"[126]。就此而言，献身于意义的艺术是敌视乐趣的。

蓬热的诗学致力于用语言来表达物本身，即处在物的他性中的、处在物的独立意愿中的、处在物的有用性之彼岸的物。语言在这里不具备描绘物、再现物的功能。相反，蓬热的物之光学（Ding-Optik）物化了语词，让它们更接近物的状态。它们用一种模仿的天真刻画出了语言和物之间神秘的呼应关系（Korrespondenz）。就像在瓦尔泽那里一样，诗人完全无需观念。

声音也占据着物性—身体性的维度，这一维度恰好展现在声音的"粗犷"中，展现在声音"音响指称符号的快感"[127] 中。声音中的物性让人们可以听见

---

[124]　Ponge, *Schreibpraktiken*, a.a.O., S. 82.

[125]　［译注］此处的 Wörter 与前文中频繁出现的 Worte 在德语用词上有别，故分别译为"语词"（Wörter）和"言词"（Worte）。

[126]　Ebd., S. 13.

[127]　Roland Barthes, Rauheit der Stimme, in: *Der entgegenkommende und der stumpfe Sinn. Kritische Essays III*, Frankfurt/M. 1990, S. 269–278, hier: S. 272.

舌头和黏膜、听见它们的欲求。它们构成了声音的感性肌肤。声音不仅得到了清晰的表达，也获得了身体性。完全产生于含义的声音则无需身体、无需享乐、无需欲求。和瓦尔泽一样，巴特也明确谈到了语言的肌肤、语言的身体："某物在此存在着，人们不可能漏听它，它具有独立的意义（人们只是听到了它），它处在语词含义的彼岸（或者此岸）……某物直接就是歌手的身体，这个身体在同样的运动中从空腔的深处，从肌肉、黏膜和软骨的深处……侵入耳朵，仿佛那同样的肌肤覆盖在发声者的内在肉身和由他所唱出的音乐上。"[128]

巴特区分了两种形式的歌唱。享乐的原则、身体和欲求支配着"天然的歌唱"（Genogesang），而"表现的歌唱"（Phänogesang）则致力于交流、致力于传达意义。在"表现的歌唱"中，着力于意义和含义的辅音占据着主导位置。与之相对，"天然的歌唱"则将辅音用作"值得赞赏的元音的跳板"。这些元音包含着具有快感的身体、欲求。它们构成了语言的肌肤。它们让人产生鸡皮疙瘩。源于辅音的"表现的歌

---

[128]　Ebd., S. 271.

唱"则反而不会触动人。

作为物的艺术作品不是思想的承载者。它不描画任何东西。引导表达过程的不是清晰的概念，而是一种不确定的狂热、错乱、内在的强度、无法说清的催促或欲求。在《塞尚的怀疑》这篇文章中，莫里斯·梅洛-庞蒂写道："表达不应是单纯对已然清晰的思想的重复，因为清晰的只是那些我们或者他人已然说出的思想。'构想'不应先行于'实现'。在表达之前就存在的东西只有一种不确定的狂热……"[129] 一件艺术作品的含义多于人们从它那里提取出的全部含义。在自相矛盾的意义上，这种含义富余的原因就在于放弃了含义。它源于指称符号的富余。

当今艺术的问题是：倾向于宣告事先形成的意见、道德或者政治的信念，即倾向于传递信息。[130] 构想先行于实现。艺术由此沦落为描画。不是不定的狂热来规定表达的过程。艺术不再是那种以无意

---

[129] Maurice Merleau-Ponty, *Das Auge und der Geist. Philosophische Essays*, Hamburg 2003, S. 17.

[130] 正是艺术的政治化导致了艺术的祛魅。参见 Robert Pfaller, *Die blitzenden Waffen. Über die Macht der Form*, Frankfurt/M. 2020, S. 93.

向的方式将物料变为物的手工作品，而是一种与先行完成的观念进行交流的思想作品。对物的遗忘席卷了艺术。艺术被交流所独占。它变成了承载信息和话语的东西。它不再产生诱惑，而是想要给予教导。

信息破坏了作为物之艺术作品的安静："在从未成为信息的意义上，绘画是沉默而安宁的。"[131] 如果我们只是基于信息来审视一幅图像，那么我们就会忽视它的独特意义、忽视它的魔力。正是指称符号的富余让艺术作品以魔幻而神秘的方式显现。艺术作品的秘密不在于它掩藏了一段有待揭露的信息。相反，神秘莫测的地方在于，指称符号的流通不受所指、意义的阻碍："秘密。尽管秘密仍然在流通，但它有诱惑力的和引导力的性质却是无法说出的东西。特别是在同伴即使想要透露秘密却完全无法透露的时候，因为它没有给予人任何可以说出的东西……一切被揭露出来的东西都错过了秘密。……秘密和交流相对立，然而它仍然是某种为人所分有的

---

[131] John Berger, *Sehen. Das Bild der Welt in der Bilderwelt*, Reinbek 1974, S. 31.

东西。"[132]

信息和交流的体制与秘密不相容。秘密是信息的对手。这种语言的含糊不清恰好没有给予任何可以说出的东西。对艺术来说，关键在于"在话语之下产生诱导，以不可见的方式，神秘地从一个符号流通到下一个符号"[133]。在话语之下、在诠释学的对立面来产生诱导。它比意义和含义更迅速、更灵活。

艺术作品具有两个层次，即朝向再现的面向和背对再现的面向。我们可以称前者为"表现层次"（Phänoschicht），称后者为"天然层次"（Geno-schicht）。承载对话的、道德化或政治化的艺术不具有任何天然的层次。它虽然具有意见，却没有欲求。带有非物之灵韵的艺术作品则具备作为秘密所在地的天然层次，因为它拒绝任何形式的划归和意义派分。非物给人留下深刻的印象，因为它不提供信息。它是艺术作品的背面、神秘莫测的后院、"细微的偏离"，确切地说，是它的无意识之物。它反对艺术的去魅。

78

[132]　Jean Baudrillard, *Von der Verführung*, München 1992, S.
　　　　110.

[133]　Ebd., S. 111.

海德格尔的手

　　海德格尔着重表明自己信奉劳作和手，仿佛他已经预见到未来的人是无手的、偏爱去游戏而不是去劳作。关于亚里士多德的讲座课程一开始就提道："他[134]出生、劳作并死去。"[135]思维是劳作。再后来，海德格尔把思维描述为手工："或许思维也只是和搭建收纳宝物的盒龛相类似的活动。无论何种情况，它都是一种手工。"[136]手让思维变成了一种确定的模拟过程。海德格尔或许会说：人工智能不进行思维，因为它没有手。

　　海德格尔的手坚定地捍卫大地的秩序，反对数字化秩序。数字化源于digitus，其意思为手指。我们用手指来计数和计算。这些手指是数目性的，即数字化的。海德格尔明确地区分了手和手指。只有手指指尖参与活动的打字机"让人失去了手的本质领域"[137]。

[134]　　［译注］指亚里士多德。

[135]　　Hannah Arendt/Martin Heidegger, *Briefe 1925–1975*, Frankfurt/M. 2002, S. 184.

[136]　　Heidegger, *Was heisst Denken?*, a. a. O., S. 50 f.

[137]　　Martin Heidegger, *Parmenides*, *Gesamtausgabe*, Bd. 54, Frankfurt/M. 1982, S. 126.

这种打字机把"词语"降格为"交流的手段"，即降格为"信息"，它由此破坏了"词语"[138]。打出的字"不再经由书写的——真正在行动的——手来实现"[139]。只有"手写文字"才接近词语的本质领域。如海德格尔所说，打字机是一片"没有符号的云朵"，即一片数目式的云朵，一种掩藏了词语本质的"云端"（Cloud）。手展现"对思维所言说的东西"，仅就此而言，手是一种"符号"。只有手接收到了思想的馈赠。对海德格尔来说，打字机是计算机的先行阶段。它从"词语"中制造出"信息"。它接近于数字化设备。通过"让语言越来越多地变成单纯的信息工具之进程"[140]，人们才有可能去制造计算机。手不进行计数或计算。它代表着不可计数的东西、不可计算的东西，即"完全单数性的东西，唯独单数的它是那个先于一切数字的、唯一地进行统一化的一者"[141]

[138]　Ebd., S. 119.

[139]　Ebd.

[140]　Martin Heidegger, Johann Peter Hebel, in: ders., *Reden und andere Zeugnisse eines Lebensweges*, *1910–1976*, *Gesamtausgabe*, Band 16, Frankfurt/M. 2000, S. 530–533, hier: S. 532.

[141]　Heidegger, *Holzwege*, a. a. O., S. 318.

(das in seiner Einzahl einzig das einzig einende Eine vor aller Zahl ist)。

　　在《存在与时间》中，海德格尔对器具的分析已然表明，器具就是为我们开启原初形式的周遭世界之手。一个物首先表现为一个在手上的存在者、表现为"上手的东西"。如果我直接地去抓取笔，对我来说，笔就不显现为具有某些特性的客体。如果我想要把它表象为客体，那我就必须把手完全收回来，专门盯着这支笔。去抓取的手以更为原初的方式将物经验为表象性的直观："越少凝视锤子，越多地在抓取的时候来使用它，它就会以较为不受遮蔽的方式出现，作为其当下存在（was es ist）而出现，作为器具而出现。锤东西这个活动本身揭示了锤子特殊的'手部属性'。在某种存在方式中，器具自己显露自己，我们称这种存在方式为上手性。"[142] 手先于表象而进行抓取。海德格尔的思始终努力要逼近一种经验的领域，即被那种产生表象和对象的思维所封闭的经验领域，这种经验领域先行于产生表象和对象的思维。正是手具有通往原初存在领域的通道，这一原初存在领域先于任何形式的对象化活动。

---

[142]　　Heidegger, *Sein und Zeit*, a.a.O., S. 69.

在《存在与时间》中，人们可以在器具的物性中经验到作为器具的物。在海德格尔《艺术作品的本源》的第二次对器具的分析中，他试图进入物的更深邃的、先于有用性的存在领域："虽然器具的器具存在在于它的有用性，但是这种有用性本身安止于器具本质存在的充盈之中。我们称之为可靠性。"[143] "可靠性"是对物的起始经验，它本身先行于有用性。借助于梵高描绘皮鞋的那幅画，海德格尔让"可靠性"变得直观。为什么海德格尔恰好选择鞋子作为例证？鞋子保护着脚，而脚在许多方面都与手相似。海德格尔用非常有趣的方式让人们特别注意到脚。但或许完全没有必要这么做，因为每个人都知道鞋子的用处："我们选择常见的器具作为例证：一双农民的鞋子。……这样的器具用来包裹脚。"[144]

梵高的这幅画实际上描绘的是他自己的鞋子。从全部的外观来看，这是一双男鞋。但是海德格尔固执地做出了如下判断："田地上的农妇穿着这双鞋。这双鞋只有在这里才成为它们的当下存在。农妇在劳动

[143]　　Ebd., S. 23.

[144]　　Heidegger, *Holzwege*, a. a. O., S. 22.

时越少想到这双鞋，越少看到它们，越少注意到它们，它们就越是真实地当下存在着。农妇穿着它们站立和行走。这种方式才是这双鞋的真正用处。"[145] 这段文字让人想起《存在与时间》中的器具分析。锤子之物对我显现为它的当下存在，即正是在我没有盯着它看，而是将它拿在手里并用它来敲击的那个时刻，锤子之物显现为器具。相应地，在农妇穿着这双鞋站立和行走的时候，它们才真正有用。但鞋子之物的本质不是有用性。海德格尔用一种形象的语言来指示出先于有用性的经验层面："从鞋具内部磨损的晦暗敞口中流露出劳动步伐的艰辛。在鞋具粗犷而结实的厚重中积聚了缓慢行走的坚韧，行走穿过遍布的、无差别的田地垄沟，刺骨的风笼罩在这片田地上。皮面上粘着地面的湿润与肥沃。鞋底下溜走了田间路径的孤独。在这鞋具里飘荡着大地无声的召唤、大地用成熟谷物给予的宁静馈赠和大地在冬日的荒芜田野里那未言明的拒斥。这器具浸透着对获得面包之安全的无声焦虑、一再克服困境的无言喜悦、分娩阵痛时的哆嗦和死亡逼近时的战栗。这器具属于大地，它保存在农

82

[145]　Ebd.

妇的世界里。"[146]

物的"可靠性"在于物把人嵌入那些支撑着生活的世界关联中。具有"可靠性"的物是世界之物。它们属于大地的秩序。如果物像今天那样与奠定世界的关联内容脱钩并且局限在纯粹的功能性当中，那么物的可靠性就会消失殆尽："单独的器具会被用尽和消耗……器具的存在因此会变得荒芜，沉沦为单纯的器具。这种器具存在的荒芜是可靠性的消逝。……现在还能看到的就只有有用性了。"[147]

人的此在立足于大地。海德格尔的脚代表着立足地面的特性。它将人和那给予人支撑并给予人居留的大地联系在一起。海德格尔的《田间路》"陪伴着走在易行小径上的脚，安静地穿过贫瘠大地的广阔之处"[148]。具有可靠性的物致力于让人的脚立足在大地之上。这样的脚进一步给出了海德格尔为何如此坚定地执着于手的提示。手和脚都指向海德格尔之思的所在地。它们具体地体现着大地的秩序。未来的无手之

---

[146] Ebd., S. 22 f.

[147] Ebd., S. 23 f.

[148] Martin Heidegger, *Aus der Erfahrung des Denkens 1910–1976*, *Gesamtausgabe*, Band 13, Frankfurt/M. 1983, S. 87.

人也没有脚。他离开大地而飘向数字化的云端。

海德格尔的物是世界之物："物务集世界（Das Ding dingt Welt）。"[149] 作为物的动词，务集的意思是"聚合"（Versammeln）。物"聚合"那些人的此在嵌入其中的意义关联。海德格尔称这种奠定意义的世界结构为"四方"（das Geviert）。世界由四种赋予意义和具有支撑作用的组成部分构成："大地"和"天空"，"神圣者"和"可朽者"。对海德格尔来说，物是"溪流和山谷""飞鹭和山狍""镜子和别针""书籍和图画"或"花环和十字架"[150]。这种前后贯穿的头韵表达手法展现出了一种质朴的、可以在物中映现出其自身的世界秩序。海德格尔敦促我们去信任大地的韵律、大地的节奏，敦促我们将自己交付给世界的重力。

海德格尔坚守大地的内在尺度。他的信念在于：

---

[149]　Heidegger, *Vorträge und Aufsätze*, a. a. O., S. 173.

[150]　Ebd., S. 175.［译注］需要说明的是，韩炳哲在此引用的海德格尔关于物的文字，即"溪流和山谷""飞鹭和山狍""镜子和别针""书籍和图画"或"花环和十字架"（„Bach und Berg ", „Reiher und Reh ", „Spiegel und Spange ", „Buch und Bild " oder „Krone und Kreuz "），在德语中都是头韵押韵的词组。译文为直译，无法对应这种头韵组合。

84

在人的意愿之彼岸，存在着一种人必须服从的"准许和排序"[151]。不是制造出居留，而是准许居留。晚年海德格尔思考的是没有操心的此在、"安定的存在"，这种安定的存在摆脱了人的意愿："安定、安稳（securus）、没有忧虑（sine cura）意味着：没有操心。在这里，操心具有某种一开始就有意为之的实现活动，它的手段是无限的造作……安定的存在就是天生地在完整关联的结构中找到依据。"[152]

如海德格尔所说，人是"受限制的东西"。"物"蕴含了"完整关联的结构"，这个结构致力于提供支撑、确保"安定的存在"。他坚定地反对那种处在开端时期的数字化秩序，在这种秩序中，世界"仍然可以被订制为信息的系统"[153]。数字化秩序追求不受限制的东西，而大地的秩序则确切地规定了人受限制的特性："人准备投入大地的和具有大地气息的场域的整体中，准备在自身中撕破以各种力为形式的自然的隐秘统治……站立起来的这同一个人，无法简单地说

[151]　Heidegger, *Holzwege*, a.a.O., S. 337.

[152]　Ebd., S. 275.

[153]　Heidegger, *Vorträge und Aufsätze*, a.a.O., S. 26.

出何为存在、说出何为有物存在。"[154]

海德格尔的手与大地秩序联系在一起。因此它把
握不了人的未来。人早已不在"大地"和"天空"上
居住。在通往不受限制性的道路上，人也将"可朽
者"和"神圣者"抛在身后。最后的物（ta eschata）
同样会被人抛弃。人飘向那种不受限制性。我们正在
驶向跨人类和后人类的时代，在这样的时代中，人类
生活将会变成纯粹的信息交换。人消除了他的受限
性，消除了那种恰好让人成为人之存在的实际性。人
回到了"怀育他的泥土"（Humus），即回到了大地。
数字化是在通往取消人性特质的道路上所迈出的承前
启后的一步。人类的未来已经得到了预示：为了能够
绝对地设定自己，人将取消自己。

[154]　　Heidegger, *Holzwege*, a. a. O., S. 343.

心 物

在安托万·德·圣埃克絮佩里的《小王子》中 有一个让人能直观到何为心物的场景。小王子在这个场景里遇到一只狐狸。他邀请狐狸和他一起玩耍。但是狐狸对他说，它没法和小王子一起玩耍，因为小王子还没有"驯服"它。小王子问狐狸，"驯服"（apprivoiser）是什么意思？狐狸的回答是："这是一件已经被遗忘的事。（……）它意味着让自己去熟悉某种事物、去建立关系。（……）对我来说，你不过是和其他成百上千的男孩一样的小男孩。我不需要你。你也不需要我。对你来说，我不过是成百上千只狐狸中的一只狐狸。但是如果你驯服了我，那么我们就会相互需要。你会成为我的唯一，而我也会成为你在这个世界上的唯一……"

内在强化的关联在今天越来越失去它的意义。首先，它是非生产性的，因为只有弱化的关联在给消费和交流加速。就此而言，资本主义系统地破坏了关联。心物在今天也是稀缺的。它变成了短抛式的物件（Wegwerfartikel）。狐狸后续说的是："人不再有时间去了解事物。他们购买的所有东西都是在商店里就

— 121 —

准备妥当的东西。但是因为不存在贩卖朋友的商店，人们也就不再拥有朋友。"圣埃克絮佩里在今天或许会认为也存在那种贩卖朋友的商店，它们的名字是"脸书"或"Tinder"。

在遇到狐狸后，小王子才认识到为何他给狐狸的玫瑰是独一无二的："它正是我用屏风守护的玫瑰。（……）它也正是我倾听它抱怨、吹牛或者沉默不语的玫瑰。"倾听用于他者。真正的倾听者让自己毫无保留地接受他者的责难。如果不面对他者的责难，"我"会再次抬头。作为责任伦理学，倾听伦理学的关键在于"为了他者的形而上学的弱化"。顽固的自我无法倾听，因为无论在何处，它听到的都是自己的言说。

心向他者敞开。我们在心物中也会遇见他者。这些心物通常是他者的馈赠。我们今天没有留给他者的时间。作为自身（Selbst）的时间让我们对他者盲目。只有他者的时间才产生内在强化的关联、友谊，即共同关系。它是善的时间。因此狐狸说："你给你的玫瑰的时间让你的玫瑰变得如此重要。（……）人们忘记了这一真相。但你不能忘记。你对你所熟悉的事物负有责任。你对你的玫瑰负有责任。"

狐狸希望小王子总是在同一个时间去看望它，希望他把看望变成一种仪式。小王子问狐狸，什么是仪式。狐狸的回答是："这一点也被人遗忘了。（……）它是让某一天和另一天变得不同、让某一个钟点和另一个钟点变得不同的东西。"仪式是成家（Einhausung）的时间技艺。[155] 仪式从"在世之在"中创造出"在家之在"。在时间中仪式的存在正是在空间中物的存在。它们通过赋予生命以结构而让生命变得稳定。它们是时间的建筑物。它们由此让时间变成可以居住的——甚至变成像房子一样可以通行的——东西。今天的时间缺少稳定的架构。它不是房屋，而是涌动着的奔流。没有任何东西能阻挡它。向前狂飙的时间是不可居住的。

除了仪式，心物也是让生命变得稳定的安栖处。它们的特点是重复。生产和消费的强制则取消了重复。这种强制发展成了渴求新事物的强制。信息也是无法重复的。基于短暂的现时时效，信息取消了持续性。它们发展出了对始终为新的刺激的强制。心物没

---

[155]　Antoine de Saint-Exupéry, *Die Stadt in der Wüste*. Citadelle, Frankfurt/M. 1996，S. 26 f.

有刺激。它们因此是可以重复的。

法语表达"apprendre par cœur"（背诵）的意思是通过重复来习得。只有重复能够抵达心灵。心的节奏也要归功于重复。离开了每一种重复的生命缺少节奏、缺少节拍。节奏也让灵魂（Psyche）变得稳定。它赋予时间这种自身不安稳的要素一种形式："节奏是形式在时间性的（阻碍性）限制下取得的成就。"[156] 在无法重复情感、情绪和体验的时代，生命失去了形式和节奏。它变成了彻底流动性的东西。

心物的时间、心的时间已经结束了。心从属于大地的秩序。在海德格尔房子的门槛上写着这样一句《圣经》的语录："全力守护你的心；因为生命由此而起。"[157] 圣埃克絮佩里也召唤那种产生生命的心的力量。狐狸在告别时，告诉了小王子一个指向前行道路的秘密："很简单的是：人们只有用心才能看得好。眼睛无法看到根本的事物。"

---

[156]   Hans Ulrich Gumbrecht，*Präsenz*，Frankfurt/M. 2012，S. 227.

[157]   Sprüche Salomos，4，23.

安　静

Undinge: Umbrüche der Lebenswelt

安静的出现是神圣之事。它让我们去倾听："Myein，授礼（einweihen），在词源上的意思是'闭合'——闭上眼睛，尤其是要闭上嘴巴。在神圣仪式的开头，掌礼官给出'安静'的'命令'（epitattei ten siopen）。"[158] 我们今天生活在一个没有典礼仪式（Weihe）的时代。我们时代的根基性动词不是"闭合"，而是"打开"，"睁开眼睛，尤其要张开嘴巴"，超量的交流、交流的噪音祛除了世界的典礼并亵渎了世界。没有人在倾听，每个人都在制造

---

[158] Giorgio Agamben，*Das unsichtbare Mädchen. Mythos und Mysterium der Kore*，Frankfurt/M. 2012，S. 11.

他自己。安静不制造任何东西。因此资本主义不喜欢安静。信息资本主义产生的是交流的强制。

安静让人们对更高阶秩序的注意力变得敏锐，这种更高阶的秩序无需是统治和权力的秩序。安静可以是最高的平和，可以用亲和的方式让人达到最深层的幸福。统治虽然能够强制臣服者变得沉默，但受强制的沉默不是安静。真正的安静无需强制。它不压迫人，而是让人获得提升。它不掠取，而是赠予。

塞尚认为画家的使命就在于创作出安静。在他看来，圣维克多山（Montagne Sainte-Victoire）就像是他不得不顺服的、安静的高耸山峦。垂直的高度、高耸之处要求人们安静。塞尚完全收回了自我而变成了无名之人，他由此创作出了安静。他变成了一个倾听者："他的全部意愿都必须变得沉默。他应当让自己身上一切偏见的声音都不再作声，应当遗忘、应当遗忘这些声音，应当创作出安静，他应当成为完满的回声。完整的风景随后才会呈现在他的感光板上。"[159]

倾听完全是一种宗教的态度。荷尔德林的《许佩

[159] Paul Cézanne, *Über die Kunst*, *Gespräche mit Gasquet. Briefe*, Hamburg 1957, S. 9.

里翁》说:"当气息的温柔波浪在我胸口游荡时,我的全部存在都沉默了下来,仔细地去倾听。我常常抬头望向苍穹,低头望向神圣的海洋,在广袤的蓝色中迷失自己,仿佛有一个亲近的精灵向我张开臂膀,仿佛孤独的痛苦化解为神性的生命。与万有齐一,这是神性的生命,这是人的天空。与有生命的万有齐一,在幸福的自我遗忘中回归自然的万有,这是思想和愉悦的巅峰,这是神圣的山巅,是永恒宁静之所在。"[160]我们不再懂得这种神圣的沉默,这种沉默将我们提升为神性的生命,让我们成为人的天空。神圣的自我遗忘让位给自我过剩的自我制造。数字化的超量交流、没有边界的联网特性没有产生联系、没有产生世界。毋宁说,它的作用是让人变得单一化,它深化了孤独。因自身而被孤立的、无世界的、抑郁的我远离了那种让人变得幸福的独一性,远离了那神圣的山巅。

我们已经取消了每一种超越、每一种具有垂直高度的秩序,这种秩序要求安静。具有垂直高度的东西

93

---

[160] Friedrich Hölderlin, *Hyperion*, Stuttgart 1998, S. 9.〔译注〕此处引文依据韩炳哲上下文语境,由译者自译。现行中文译文参考:《荷尔德林文集》,戴晖译,商务印书馆,1999年,第8–9页。

让位给横向水平的东西。没有任何东西耸立，没有任何东西深化自己。现实被平整为信息流和数据流。一切东西都在蔓延和繁衍。安静是否定性的显现。它是排斥外向的，而噪音则是无止的、外延的、过剩的交流的产物。

安静源于无法支配的东西。无法支配的东西让注意力变得稳定并具有深度，它形成了沉思的目光。这种目光具有对长久而缓慢的东西的耐心。在一切东西都可以被支配和企及的时候，无法形成具有深度的注意力。目光不再停留。它像猎人的目光那样进行扫视。

对尼古拉斯·马勒伯朗士来说，注意力是灵魂的自然祈祷。灵魂在今天不再祈祷。它制造自己。外延的交流破坏了灵魂。只有那些与祈祷相似的活动才能与灵魂达成一致。然而沉思与制造对立。制造和交流的强制破坏了沉思的深沉。

依据巴特，摄影作品必须是"安静的"。他不喜欢"具有轰鸣声的照片"。"如果人们想要更确切地观看一张照片，抬头或者闭上眼睛"[161]，或许会更合适。刺点，即一张摄影作品的真相在安静中、在闭上眼睛

---

[161]　Barthes，*Die helle Kammer*，a.a.O.，S. 62 ff.

时显露出来。知面所营造的信息则带来噪音。这些信息对知觉施加强制。只有安静，即闭上眼睛，才能让想象力运转。巴特引用卡夫卡说："人们给物拍照，以便从感官中驱除它们。我的故事就是某种类型的闭上眼睛。"[162]

没有想象力，存在的就只是色情作品。知觉本身在今天表现出了色情作品的特征。知觉作为直接的接触、作为图像和眼睛的耦合而发生。爱欲出现在闭上眼睛的时候。只有安静、想象力才为主体性开启了欲求具有深度的内在空间："人们只是在一种安静的状态中、在对安静的追求中（闭上眼睛意味着：在安静中言说图像）才达到了绝对的主体性。在我让照片摆脱它习常的絮絮叨叨时，它触动了我。（……）没有任何东西在说话，眼睛紧闭（……）。"[163] 我们已经没有时间闭上眼睛，由此引起了数字化交流的灾难。眼睛被迫变成了"不停歇的饕餮之物"[164]。它们失去了安静，失去了具有深度的注意力。灵魂不再进行祈祷。

---

[162]   Ebd., S. 65.

[163]   Ebd.

[164]   Ebd.

噪音既是一种声音的污物，也是一种视觉的污物。噪音污染了注意力。米歇尔·塞尔（Michel Serres）将对世界的污染回溯到动物性根源的占有意志上："狮子在它活动区域的边界上排尿。狮子和狗也这么做。和这种食肉的哺乳动物相似，许多动物、我们的远亲[165]都用它们难以祛除的、腥臭的尿液来标识出它们的领地。也有用它们的吠嚎——或像燕雀和夜莺那样，用动人的歌声——来标识领地的。"[166]我们向汤水吐唾沫，以便可以独自享用它。世界不仅被排泄物和垃圾污染，也被交流和信息的垃圾污染。它被贴满了广告。一切事物都聒噪地冲向注意力："行星完全被垃圾和广告牌占据了。（……）每一个山谷、每一片树叶、每一块可耕种的地块里都植入了广告；每一根草上都写着字母（……）。正如传说中的大教堂一样，一切东西都在符号的海啸中沉沦。"[167]

　　非物挤占物的位置并污染物。信息和交流的垃圾破坏了物的安静风景、微妙的语言："粗暴的文字和

---

[165]　［译注］这里指与人相似的灵长类动物。

[166]　Serres, *Das eigentliche Übel, Verschmutzen, um sich anzueignen*, Berlin 2009, S. 7.

[167]　Ebd., S. 76.

— 132 —

图像强迫我们去阅读，而世界之物则向我们的感官寻求意义。后者提出请求；前者则是在下命令。（……）我们制造出的物品已经具有含义——具有扁平的含义，这一含义越不具体、越和垃圾相近，人们就越能简单地感知到它。图像，即图画的垃圾；标志，即文字的垃圾；广告，即目光的垃圾；广告短片，即音乐的垃圾残渣。这些简单和低级的符号自动而强行地出现在知觉中，取代了更为棘手的、微妙的、沉默的风景，这种风景往往在人们不再看见它时消失，因为正是知觉在拯救物。" [168]

网络上的数字化圈地产生了许多噪音。领地的争夺让位给了注意力的争夺。占有也采用了一种完全不同的形式。我们不停地制造出必须让其他人点赞的信息。今天的夜莺不再为了吓跑他人而叽叽喳喳地鸣叫。相反，它们为了吸引他人而去发送推文。我们不是为了防止他人享用而向汤水吐唾沫。相反，共享成为我们的座右铭。我们想和所有人分享一切，这就导致了信息噪音式的海啸。

物和领地规定了大地秩序。它们不会发出噪音。

---

[168]　　Ebd., S. 56 f.

大地秩序是安静的。数字化秩序被信息支配。安静与信息相异。它与信息的本质相矛盾。安静的信息是一种矛盾的修辞表达。信息强行出现在我们之中并且要求我们的关注，它们由此夺走了我们的安静。只有一种具有深度的注意力会产生安静。但是信息让注意力变得碎片化。

按照尼采的说法，"对刺激不即刻做出反应"的能力属于"高雅的文化"。这种能力发展出了"延缓性的、终结的本能"。人们必须"用一种敌视的冷静来迎接陌生、新颖的事物"。破坏精神的是那种"全面的开放"，"随时愿意立即投身、冲向他者和他物"，即"对刺激做出反应的无能"。这种"不做反应"的无能是"一种病态、一种退化、一种疲惫的病症"[169]。完全的无止禁破坏了高雅文化。我们越来越失去了终结的本能、失去了拒绝那种涌向我们的刺激的能力。

需要区分两种形式的潜能。肯定性的潜能是去做某事。否定性的潜能即不去做事。但它不等同于无

[169] Friedrich Nietzsche, *Götzen-Dämmerung*, Kritische Studi-enausgabe, a. a. O., Band 6, S. 108 f.

能。它不是对肯定性潜能的否定，而是一种独立的潜能。它赋予精神实现安静、沉思的停留的能力，即获得具有深度的注意力的能力。在缺少否定性潜能的时候，我们就陷入了一种解构性的超能动状态中。我们在噪音中沉沦。只有强化否定性的潜能才能再次创造出安静。但是具有支配地位的交流的强制有意破坏否定性的潜能，这种交流的强制表明自身是一种制造的强制。

我们在今天持续不断地制造我们自己。这种自我制造带来了噪音。创造安静意味着收回我们自己。安静也是无名特性的一种显现。我不是我自己、我名字的主人。我是我自己的客人，我只是我名字的租客。米歇尔·塞尔通过解构自己的名字而创造出了安静："我实际上叫米歇尔·塞尔。因为他们把它命名为我的专名，我的语言和社会让我相信，我具有这两个词的所有权。现在我认识了数百个米歇尔、米格尔、米夏尔、米克或者米海尔。他们自己也认识塞尔、西耶拉。朱尼佩罗·塞拉斯（Junipero Serras）……它们源于乌拉尔-阿尔泰语给山脉起的名字。我好几次遇到了和我同名的人。（……）因此，专名有时在模仿或者重复通名，有时甚至在模仿或者重复通用的地名。我的名字因此就涉及法国的、意大利的和康沃尔的圣米歇尔山这三个并列的地点。我们大多安居在引人注目的地方。我叫米歇尔·塞尔，它不是占有来的，而是租借来的。"[170] 正是对名字的占有制造出了许多噪音。强化的自我破坏了安静。只有在我收回自己的地方、在我于无名特性中抛弃自己的地方、在我变得弱势的地方，安静才会存在："柔软，我指的是空浮和飘动。柔软，我指的是在自己之外并变得弱势。柔软，即白净。柔软，即平和。"[171]

尼采知道，安静随着自我的退却而来。安静教会我去倾听、教会我专注地去听。尼采让"心的守护灵"与产生噪音的名字之占有相互对立："心的守护灵（……），它让一切声响和自我喜爱之物都变得沉默，教会它们去倾听，它抚平粗野的灵魂，让它们去体会新的渴求——像镜子一样安静地立定着，深邃的天空在它们身上映现出自己（……）心的守护灵，在离开它的触碰时，每个人都变得更丰富多彩（……）或许也变得更不确定，变得更温柔、更脆弱、更零

---

[170]　Serres, *Das eigentliche Übel*, a. a. O., S. 94.

[171]　Ebd., S. 95.

碎。"[172] 尼采的"心的守护灵"没有制造出自己。相反，它将自己收回到无名的特性中。作为权力意志的占有意志退缩了。权力翻转为友爱。"心的守护灵"发现了弱势的力量，这种力量表现为安静的辉煌。

只有在安静中、在完全的寂静中，我们才进入与无名事物的关系中，这一无名事物远在我们之上，在它面前，我们占有名字的追求变得黯然失色。心的守护灵也高于名字，"每个人在出生时就信赖这种守护灵的守护"[173]。这种守护灵让生活不仅仅是"我"的艰苦谋生式的存活。它代表着一种无时间的当下："守护灵孩童般的面容、它细长而颤动的翅膀表明它不知道时间（……）。因此，生日不可能是对已经逝去的某个时日的纪念庆祝，而是和任何真正的节日一样，是对时间的扬弃，是守护灵的神显和在场。这种在场是我们无法从我们自己身上推掉的在场，它阻止我们将自己包裹在一种实体性的同一性中，正是守护灵粉碎了'我'所提出的、满足自我的诉求。"[174]

[172] Friedrich Nietzsche, *Jenseits von Gut und Böse*, Kritische Studienausgabe, a. a. O., Band 5, S. 237.

[173] Giorgio Agamben, *Profanierungen*, Frankfurt/M. 2005, S. 7.

[174] Ebd., S. 9 f.

绝对安静的知觉就像是有着极长曝光时间的摄影。达盖尔的摄影作品《圣殿大道街景》本来呈现的是一条极为繁忙的巴黎街道。但是因为极为长久的曝光时间（这种长久的曝光时间是达盖尔作品的标志），一切活动着的东西都消失了。只有那些安静伫立着的事物是可见的。《圣殿大道街景》散发出一种村庄般的宁静。除了房屋和树木外，只有唯一一个人的形态能够被辨认出来，这个人在让人给他擦鞋，因此他安静地站立着。因此，对长久而缓慢的东西的知觉只能认识到安静的物。一切匆忙的事物都受到了消失的诅咒。人们可以将《圣殿大道街景》阐释为一个被神性之眼看到的世界。只有那些在沉思的宁静中驻留的物才会向这种神性之眼的救赎式目光显现。正是安静在给予救赎。

关于点唱机的附论

在 2017 年秋季的一个傍晚，忽然下起了大雨，我正骑着自行车，穿行在柏林舍内贝格区的路上。我在略微有坡度的克雷尔路上快速地下坡骑行。然后我就滑倒了，摔倒在地上。我费劲地站起来的时候，看到面前有一家快要倒闭的点唱机商店。因为从前我只是通过文学或者电影才知道点唱机，所以强烈的好奇心驱使我走进这家店铺。商店属于一对年老的夫妇，他们对我的来访倒是有一点惊讶。很少有人会迷失在这家商店里。我觉得自己有点像是处在梦境中。由于商店里摆满的古旧物件和古旧用品，我在某种程度上摆脱了时间。也很有可能是那令人疼痛的摔跤让我的知觉进入了一种震荡的状态。柏林舍内贝格区的骑行摔倒带来了时间的裂缝，赐予我进入物的世界的旅程。

点唱机散发的魅力让我变得非常地兴奋。我从一台点唱机走向下一台，仿佛游走在满是奇妙物件的童话王国当中。这家商店的名字是"点唱国度"（Jukeland）。这里的物都散发出一种异样的美。我特别注意到 AMI 这个牌子的一台土耳其蓝的点唱机。这是 1950 年代生产的型号。在这一"银色时代"的型号中，点唱机吸收了汽车设计的风格要素，像尾翼、全景天窗或尾灯。所以它在今天看起来的效果就像是有着许多发光镀铬物件的老爷车。我即刻爱上了这台有着全景天窗式大片玻璃隔窗的土耳其蓝点唱机，毫不犹豫地就决定要拥有它。

买下点唱机的时候，我的公寓里只有一台老式的三角钢琴和一张金属制成的医用写字台。我当时的需求是要住在一间空敞的公寓里。不论是三角钢琴还是医用写字台，都没有破坏这种空敞。甚至它们还加重了这种空敞。我和它们组成了三重奏。成为房间中安静的、无名的物，仿佛是一种解脱。空敞不是指房间中没有物。它是一种内在的强化（Intensität）、一种内在强化的当下（intensive Gegewart）。它是安静在空间中的显现。空敞与安静密切地相互联系在一起。而安静也不是指听不到任何声音。安静甚至还会凸显出某些声响。安静是注意力内在强化的形式。类似于写字台或三角钢琴这样的物，它们捏合与构建注意力，从而创造出安静。我们今天被非物、被那些让我们的注意力碎片化的信息干扰包围着。即便这些干扰是无声的，它们也破坏了安静。

我把点唱机摆放在有三角钢琴的那个房间里。当时我在倔强地练习《哥德堡变奏曲》的咏叹调。对任何从未上过钢琴课的人来说，这是非常困难的尝试。在三角钢琴前，我觉得我就像第一次学写字的孩子。学习写字有点像是在做祷告。总共花了两年多的时间，我才能够娴熟地演奏完整的咏叹调。此后我就重复练习它，像做祷告一样。有着大片三角翼的这个美丽的物就成了我祷告的转经筒。

我常常在夜里走进这间音乐室，在黑暗中安静地听着这台点唱机。扬声器支架上多彩的灯光融合在黑暗中才展现出它的全部效果。它赋予了点唱机某种爱欲式的东西。点唱机用彩色的光芒照亮黑暗，产生出了让我沉浸其中的物的魔力。

点唱机让听音乐成为视觉、听觉和触觉经验

的一种最高享受。当然这是琐碎的，需要投入一定强度的时间。因为我的这台点唱机不是长时间待机使用，它首先必须接上电源。它的灯管需要等待一段时间才能预热。投入硬币后，我小心翼翼地按下按键。整台机器随后就发出清脆的咔哒声响而启动了。在转动起来的唱片圆盘发出嗡嗡的声响后，唱片替换器的臂杆抓出一张唱片并精确地将它摆放到上面去。唱臂在点落到唱片之前，会擦碰到一个细小的、给唱针除尘的刷子。全部过程完全是一次魔法表演、一次物的魔法表演，每次都让我着迷的魔法表演。

104　　　点唱机发出物的声响。它似乎特别想要传递"它是一件物"的信息。它具有硕大的身体。从它肚子的深处发出嗡嗡的声音，仿佛这是它欲望的表达。数字化的声响摆脱了任何物的声响。它是无身体的，并且是扁平的。而点唱机通过唱片和功放所发出的声响在根本上有别于数字化的声响。它是物性的，并且是身体性的。从扬声器发出的声响触动着我，让鸡皮疙瘩出现。

　　点唱机构成了真正的对立物。它与厚重的三角翼钢琴一样，都是对立的物体。当我站在点唱机前，或者在三角翼钢琴上演奏的时候，我自己想到的是：为了快乐，我们需要一个凌驾于我们的、耸立着的对立物。数字化取消了每一个对立物、取消了每一种对立。因此我们完全失去了对承载之物、耸立之物，甚至是对崇高之物的感觉。因为这一缺失的对立物，我们不断地向我们的自我回退，这让我们失去了世界，也即是说，让我们变得抑郁。

点唱机将我带入1960和1970年代流行音乐的陌生世界。按照数字编号的曲目单上，没有一首歌是我知道的。所以开机的时候我就直接按下任意一组按键，让自己进入陌生的世界。可以选择的曲目大致有约翰尼·雷（Johnnie Ray）的《哭泣》（*Cry*）、鲍比·达林（Bobby Darin）的《梦想爱人》（*Dream Lover*）、山姆·库克（Sam Cooke）的《美妙世界》（*Wonderful World*）、格伦·米勒（Glenn Miller）的《心情》（*In the Mood*）、爱泽尔乐队（The Edsels）的《啦马啦马叮咚》（*Rama Lama Ding Dong*）、萨拉·莱安德（Zarah Leander）的《我知道会有奇迹发生》（*Ich weiß, es wird ein Wunder geschehen*）、艾尔·马丁诺（Al Martino）的《在我心中》（*Here in My Heart*）、水晶乐队（The Crystals）的《随后他亲吻我》（*Then He Kissed Me*）和保罗·安卡（Paul Anka）的《对我说你爱我》（*Tell Me That You Love Me*）。这些曲目让我模糊地猜想到，当时的世界肯定在某种程度上要比今天更浪漫、更梦幻。

标有价格单位"芬尼"和"马克"的红色铭牌位于点唱机的中部。我是这台点唱机的幸运拥有者，所以我可以使用那个让我不受投币点歌限制的按钮。但我至今都没有用过它。投入硬币造成的独特声响，正和唱片发出的沙沙声一样，都恰好是点唱机专属的东西。正是这种美妙的物的声响让我无法忘怀。"我为美妙的音乐付费"，这正是在 YouTube 时代让我特别喜欢的东西。硬币是进入具有魔力的世界的入场券。

在所有这一切的陶醉之外，我总是会问自己：在我的这台点唱机的全部生命历程中，它以前会出现在什么地方呢？它肯定有过命运多舛的一生。它背负着可见的历史印迹。我仿佛是物之世界的命理师、相面师。我安静的房间或许并不是这台点唱机的合适处所。在写字台前，我有时用余光觉察到了它的寂寞、它的孤独。我常常有这样的感觉：我让这台点唱机离开了它的所在，在这种情况下，拥有它或许就是亵渎它。但这台点唱机在今天又能出现在哪里呢？我们随着物而一起失去的还有处所。让我感到安慰的心念是：我的拥有让这台点唱机免于最终的消逝，我将它从有用性的劳役中解放了出来，我抹除了它的商品特征，因为我把它变成了心物。

对彼得·汉德克来说，点唱机不是以孤绝为归旨的物，而是有处所的存在者（Ortswesen）。点唱机建构了处所（Ort）的中心。《试论点唱机》的主人公启程走向"点唱机的各个处所"。点唱机就像是重力的中心，它将围绕着自己的一切聚拢并调校成一个处所。它奠定了处所。它赋予处所安静的轮廓。读者则参与了处所和世界的生成："点唱机就在酒吧里，在白天热暑后打开的窗下；门也是开着的，对着有铁轨的地方。此外，这家酒馆几乎没有什么家具；少数几样东西被推到了边上，已经擦拭干净。点唱机的灯光映现在潮湿的水磨石地板上，一道随着地板变干而逐渐消逝的光彩。酒吧女招待的面容极其苍白地显现在窗户上，恰好和在外面等候的一对游客的棕色面容形成了对照。在的里雅斯特通往威尼斯的快车出发之后，这座楼随后就显得空旷了；只有两个半大小子在一张长凳上相互尖吼打闹，此刻，他们的游乐场就是火车站。从对面那片喀斯特地区的松树间的昏暗中，飞出了嗡嗡作声的夜蛾。长串的封闭货车哐当作响地驶过，在它的车厢外，作为唯一亮点的，是随着系绳向后摆动的、小小的铅封印牌。伴随着随之而来的安静——这是晚归的燕子和早起的蝙蝠之间的时刻——这个地方（an dem Ort）响起了点唱机的声音。"[175]

汉德克将点唱机明确地称为物。这里提到的是"他的物"[176]"宁静之物"[177]和"发出彩虹色光彩的高大之物"[178]。主人公相信，物具有深刻的、我们现在已完全失去了的含义："难道这意味着，他为那些极有可能不再有未来的点唱机的消逝、为这些从前物件的消逝感到遗憾吗？不。在它从他自己的目光中流失之前，他只想牢牢地把握并接受一件物对一个人所具有的含义，尤其是从一件单纯的物中所能得到的东西。"[179]

---

[175]　Peter Handke, Versuch über die Jukebox, Frankfurt/M. 1993, S. 116 f.
[176]　Ebd., S. 102.
[177]　Ebd., S. 85.
[178]　Ebd., S. 16.
[179]　Ebd., S. 110 f.

物首先让人能够看到世界。它们创造出可见的东西，而非物却破坏这些可见的东西。物打开了眼光，确切地说，打开了洞见处所的眼光（Ortsblick）。那些通常或许会被叙述者忽略的形态，在点唱机面前，都向叙述者显露了出来。连人和动物在内的一切事物都转变成了处所的居住者、定居者。这里形成了处所的静物写生，在这幅静物写生中，一切事物皆比邻而居，被框定在一个安静的物之共同体中："此前一直被忽视的那些形态忽然间显现在这个区域的各个地方。在黄杨树旁的长凳上睡觉的人。在厕所后的草坪上驻扎着的整整一群士兵，丝毫没有背囊的痕迹。在前往乌迪内的站台上，身型巨大的黑人依靠着柱子，同样没有背囊，只穿着衬衣和裤子，沉浸在书本中。从后面的松林树丛中，一对鸽子来回盘旋，一只紧跟在另一只的身后。就是说，仿佛它们不是这里的旅客，而是火车站地区的居住者或定居者。"[180] 处所的定居者是"没有背囊"的。他们不旅行。他们驻留。驻留的魔力出自作为物的点唱机。

---

[180]　Ebd., S. 117.

汉德克指出，点唱机让围绕着它的一切事物获得了内在强化的当下、获得了当下的在场。邻近点唱机的时候，每一种习惯都变成了当下发生的事件。物产生了一种重力，它缩合并深化围绕着当下在场的那些易逝现象。当下在场的创造、经过强化的当下、内在强化的当下构成了物的魔力："在他的物旁边，过去通常已经结束了的事物获得了完整而独特的当下特性。他尽可能在那些酒馆里占据一个他的位子，即在他的这个位子上，他可以将整个房间以及外面的一片风景都收入他的眼中。在这个位子上，伴随着点唱机，浮想联翩，不进行令他厌恶的观察，这往往就实现了对自己的强化，或者恰好让当下显现，以及让其他景象在当下显现。而当下在这些景象上显现的事物，与其说是引人瞩目的或者刺激的东西，不如说是习以为常的东西，即便只是常见的形式或颜色，但对他来说，这一得到强化的当下是极具价值的东西——没有任何东西比这一当下更宝贵且更值得流传（……）。它说出了某种东西，用很简单的方式，一个男人走过、一株灌木摆动、无轨电车还是黄色的并且转弯到了火车站、街道的十字路口形成了一个三角形、女服务员站立在门边、粉擦躺在台球桌的边缘、下雨了，等等。"[181] 点唱机的魔力就在于它将当下、当下在场和内在的强度赋予了次要的、无足轻重的、习惯的、常见的、易逝的东西。物强化了存在。在易逝的景象中仿佛放入了"关节"，即放入了骨骼和骨架。这些景象由此获得了延续。

有一台体型宽大的点唱机被描述为一个特别的空间产物（Raum-Ereignis）。在利纳雷斯的塞万提斯大街的一条支路上的底层酒馆中，主人公遇到了这台点唱机。这家酒馆只有储藏室那么大。但点唱机创造了空间上的奇迹。物的本质就是要去创造空间："酒馆的所有者是一位老男人（只有客人进门的时刻，大灯才会亮起），和点唱机在一起的通常只有他。这台点唱机有着难得一见的特征，它的歌曲名牌大多数都是空的（……）；在歌名空栏头上的只有字母和数字的编号组合。但是在整面墙上，横横竖竖，一直到墙角，都贴满了唱片的封面，上面用手写了歌曲曲目对应的号码，所以，在这台自动点唱机开机之后（每次有人要求才开机），都会播放人们想要听的唱片——这个像是被掏空了的物的腹中塞满了唱片。伴随着深

---

[181]　Ebd., S. 102 f.

藏在钢铁内那单调的嗡嗡声响，狭小的环境里忽然就有了那么多的空间，在西班牙式的、独特的躁动中，有那么多的安静在这个地方弥散开来。"[182]

　　我只能非常有限地认同海德格尔对技术的批判。海德格尔或许不会想要将点唱机纳入他的物的集合中。他举出的物的例证如下：镜子和别针、书籍和图画、花环和十字架。这些头韵组合暗示了物之间的和谐。技术性的器具不属于海德格尔的物的集合。即便"珠宝"（Juwel）和"点唱机"（Juikebox）之间有头韵押韵的关联，也无助于让后者获得物的地位。技术有带有魔力的一面。即便是我以前最早在大学学习的冶金术，在我看来，它也像是一种炼金术。诺瓦利斯在大学里学习的是采矿和矿物学，这并非偶然。在《海因利希·冯·奥夫特丁根》[183]中，地下通道里的主人公"在那些与我们的隐秘的生存（Dasein）具有更近切关系的物身上"发现了"奇妙的愉悦"[184]。

---

[182]　Ebd., S. 136 f.

[183]　[译注]诺瓦利斯创作于1802年的一部诗剧，诗剧的主人公即海因利希·冯·奥夫特丁根。

[184]　Novalis, Heinrich von Ofterdingen, in: ders., Schriften, hrsg. von Kluckhohn und R. Samuel, Stuttgart 1960, Band 1, S. 181–334, hier: S. 242.

点唱机是一种自动装置（Automat）。它位列于音乐自动装置长久的传统之中。浪漫主义者们痴迷于自动装置。E.T.A.霍夫曼的一部小说的名字就是《自动装置》。小说的主人公是一个机械玩偶，一个说着神神叨叨预言、有着土耳其人装扮的玩偶。他会回答问题，"这些回答每次都有着对提问者个体性的深刻洞见，它们时而枯燥单调，时而相当粗俗可笑，然而又极具灵性和洞察力，用很巧妙的方式直指痛处"[185]。亚马逊公司的"阿列沙"不是自动装置，而是信息能动机。它缺少那种物的魔力。人工智能完全有可能很快地教它去预言，然而这种预言只是算法上的计算。而这种计算缺少任何魔力。幸运消失在可以计算一切事物的地方。幸运是摆脱了任何计算的发生性事件（Ereignis）。魔力和幸运之间有着一种内在的关联。[186] 可以计算的、被优化的生命没有魔力，也就是说，没有幸运。

111

[185]　E. T. A. Hoffmann, Die Automate, in: ders., Die Serapions-Brüder, Ausgewählte Schriften, Band 1, Berlin 1827, S. 91–127, hier: S. 94.

[186]　Vgl. Agamben, Profanierungen, a. a. O., S. 47 ff.

我的那台点唱机有一半是由金属构成的，因为它源于"银色时代"这个型号。它有真正漂亮的机身。金属是让人非常着迷的物质（Materie）。我在大学里研究了很多年金属内部极为神秘的生命。在我学习冶金专业的时候，我常常注意到，金属的情形与有生命的有机体相似。比如说，它们都具有丰富的形变。人们也可以写一本关于金属的《变形记》。在我的书架上的哲学书旁边，有一本保罗·G.休蒙（Paul G. Shewmon）的《金属的变形》（*Transformations in Metal*）。这是下决心学习哲学之前，我在大学学习冶金专业时读过的最后一本书。我把它作为纪念品保留了下来。如果说我当时读的是这本书的电子版，我或许就不太会拥有一件能够时常拿在手上用来纪念的心物。真的，物让人们可以把握时间，而仪式则让人们可以在时间中穿行。发黄的纸张及其气味温暖了我的心。数字化破坏了回忆和触动。

"物质不是活的"这种想法完全是一种错误。物质令我着迷。我们今天完全无法看到物质的魔力。以数字化的方式祛除世界的物质属性，这令喜爱物质的人痛心。我同意巴特的观点，即炼金术的每一种物质都是有生命的。德勒兹在《千高原》中写道："无机生命的奇妙观念是冶金术的灵感。"[187] 在冶金的人看来，一切都具有活力。他是浪漫主义者、是"四处奔走的人，因为他追随的是地底下物质的川流"。关于作为炼金术的冶金术，德勒兹写道："冶金术和炼金术之间的关系的基础不是金属的象征价值和它跟有机灵魂的对应关系（如荣格所相信的那样），而是每种物质的体质（Körperlichkeit）所具有的内在力量以及伴随着这种物质的团体精神（Korpsgeist）。"[188]

在数字化的进程中，我们失去了每一种对物质的意识。让世界重新变得浪漫的前提必然是让世界重新获得物质。我们之所以极其粗暴地开发地球，是因为我们认为物质是死的并且将地球降级成了各种各样的资源。仅仅依靠"可持续"还不足以从根本上修正我们对待地球的方式。必然需要人们对地球和物质有一种完全不同的理解。在美国哲学家简·本内特（Jane Bennett）的著作《活的物质》中，她提出了这样一种假设，即"死的或者完完全全被工具化的物质的形

---

[187]　Gilles Deleuze/Félix Guattari, Tausend Plateaus, Berlin 1993, S. 568 f.

[188]　Ebd., S. 569.

象养育出了人类的傲慢，以及我们那些给地球带来破坏的占领和消费幻想"[189]。因此，在生态学之前必然要有一种全新的物质本体论，这种本体论具有活的物质的经验。

点唱机播出的音乐，类似于巴特所说的摄影，是一种灵质、是拍摄对象的一种流溢。它具有某种与复活相关的东西。死者被唤醒复活，登上旋转的舞台。借助点唱机，我首先想要唤醒复活的是法国歌手芭芭拉（Barbara）[190]。我非常喜爱她。在几年前我曾计划导演一部关于她的电影。因此，我在她去世20周年的时候，带着我的电影摄影机去了巴黎。我拍摄了这些影像：我哼唱着芭芭拉的歌曲走遍巴黎、走过她在维特鲁威路（Rue Vitruve）上的居所、去到巴钮（Bagneux）公墓她的墓地以及走到新桥（Pont Neuf）上。点唱机以物体的方式（körperlich）让芭芭拉再次出现。它是当下显现的灵媒（Präsenz-Medium）。我觉得唱片上可见的唱片圈纹就是唱片身体的印迹。这些圈纹是唱片细小扁平的身体的

[189] Jane Bennett, Lebhafte Materie. Eine politische Ökologie der Dinge, Berlin 2020, S. 10.

[190] ［译注］指法国歌手 Monique Andrée Serf，艺名为 Barbara。

收缩。

　　我在全欧洲收购芭芭拉的点唱机唱片。卖家们总是证明，他们自己就是爱物之友（Ding-Freunde）。我从其手中买到《告诉我，你何时归来》（*Dis, quand reviendras-tu*）这张唱片的比利时男子在他寄出的邮件上贴了30张漂亮的旧邮票。他这就把寄出的邮件变成了一件美丽的物。我甚至再次认出了其中一张邮票。它属于我童年邮票收藏中的一种。

　　来自比利时的邮件在抽屉里有了一席之地，和其他美丽的物件比邻而居：一块精细雕刻的怀表，这是我35年前在弗莱堡念大学时买到的；一块荣汉斯（Junghans）的银质手表，这是一位佩戴着同款手表的友人买给我的；一个"青年风格"的放大镜（Jugendstillupe），我用它来读皮质封面的路德圣经；一个小巧便携的、上面有着玫瑰图案的烟灰缸；一个我多年前作为生日礼物而得到的装饰派艺术风格（Art-déco-Stil）的烟盒；以及一个带有我名字的三个中文字的木头印章。韩国的一位篆刻者用一块很特别的木料制作出这块印章。这块木料源于被闪电劈中的一棵枣树。它被传递了（nachsagen）一种具有魔力的力量。据说这种木料可以避灾。篆刻者还给了我

114

一小对这种不同寻常的木料带在路上。这个小小的木之物就是我的护身符。

　　日本人很早就会经由神社里的法事来舍离掉那些曾经被人长期使用过的物，比如眼镜或写字的毛笔。今天不再有任何我们会给予其有尊严地告别的物。现在的物几乎生来就是死的。它们不是被人使用，而是被人消费。只有长久地使用才能赋予物以灵魂。只有心物具有灵魂。福楼拜想要和他的墨水瓶一起下葬。但点唱机实在太大了，没法带到坟墓里去。我觉得，我的点唱机正和我同龄。但它肯定会活得比我长久。这一念头本身就会让人觉得欣慰吧……

图书在版编目（CIP）数据

非物：生活世界的变革 /（德）韩炳哲著；谢晓川
译.－上海：东方出版中心，2023.5（2025.7 重印）
ISBN 978-7-5473-2166-9

Ⅰ.①非… Ⅱ.①韩… ②谢… Ⅲ.①哲学－研究
Ⅳ.①B

中国国家版本馆CIP数据核字（2023）第048982号

Undinge: Umbrüche der Lebenswelt
By Byung-Chul Han
© by Ullstein Buchverlage GmbH, Published in 2021 by Ullstein Verlag.
Simplified Chinese Translation copyright ©2023 by Orient Publishing Center.
ALL RIGHTS RESERVED.

上海市版权局著作权合同登记：图字09-2023-0153

非物：生活世界的变革

著　　者	[德]韩炳哲
译　　者	谢晓川
责任编辑	陈哲泓　时方圆
装帧设计	陈绿竞

出版发行	东方出版中心有限公司
地　　址	上海市仙霞路345号
邮政编码	200336
电　　话	021-62417400
印　刷　者	上海万卷印刷股份有限公司

开　　本	890mm×1240mm　1/32
印　　张	5.125
字　　数	66千字
版　　次	2023年5月第1版
印　　次	2025年7月第4次印刷
定　　价	55.00元

作　者

韩炳哲（Byung-Chul Han），1959年生于韩国首尔，80年代在韩国学习冶金学，之后到德国学习哲学、德国文学和神学，1994年获得弗莱堡大学的博士学位。2000年任教于瑞士巴塞尔大学，2010年任教于卡尔斯鲁厄建筑与艺术大学，2012年起任教于德国柏林艺术大学。他的主要著作有《倦怠社会》《爱欲之死》《在群中》《妥协社会》等，作品被译成十几种语言，是当代具备全球影响力的思想家。

译　者

谢晓川，德国奥斯纳布吕克大学哲学博士，现就职于上海社会科学院中国马克思主义研究所，主要研究方向为马克思主义哲学和德国古典哲学。